Longman
Audio-Visual French
Stage A3

S. Moore BA

A. L. Antrobus MA

G. F. Pugh MA

Longman

LONGMAN GROUP LIMITED
London

Associated companies, branches and representatives
throughout the world

© Longman Group Limited (formerly Longmans, Green & Co Ltd) 1968

First published 1968
Ninth impression 1978

ISBN 0 582 36018 8

Printed in Great Britain by
Hazell Watson & Viney Ltd, Aylesbury

Foreword

Longman Audio-Visual French is a complete and integrated course for secondary schools, covering four or five years' work to 'O' Level or CSE standard. There are alternative versions after Stage A2.

Stage A3 follows Stages A1 and A2 and is the first of three stages covering two or three years' work to 'O' Level standard.

For those pupils who will be likely to take CSE or no public examination the alternative version B3 is recommended. This follows the same general pattern at a slower pace.

In Stages A3 and B3 material introduced in the previous stages is thoroughly revised in a varied way. The course should therefore be of benefit to pupils who have not completed the previous stages or who have used other introductory courses.

Stage A3 is accompanied by six twin-track tapes recorded at $3\frac{3}{4}$ i.p.s., containing recordings, made by native speakers, of the introductions, presentations and questions, practical conversations and structural drills, of which many are contextualised, for use in language laboratory and classroom. The recordings include spaced versions for repetition and response, as well as natural speed versions.

Ancillary materials designed for this stage include linked readers, background filmstrips and recordings, a wall map and a workbook.

For the exploitation of the material contained in the Pupil's Book and tapes it is essential to use the Teacher's Book, which includes the texts of drills and visual compositions, as well as detailed notes and suggestions on the use of the course and the revision of past work.

S.M.
A.L.A.
G.F.P.

Acknowledgements

PHOTOGRAPHS

P. 12 Richard Fowler (*top*), Lambretta (*centre*), Henry Grant (*bottom*); p. 13 Roland Lesueur (2); p. 17 Documentation Française; p. 33 Renault (2), Citroën (2), Lambretta; p. 34 Roland Lesueur (2); p. 37 Paul Popper; p. 39 French Government Tourist Office; p. 43 Documentation Française; p. 51 Barnaby's Picture Library (*top*), R. Davidson (*left*); p. 55 French Government Tourist Office (*top* and *left*), Barnaby's Picture Library (*right*); p. 59 French Railways (4); p. 68 Documentation Française (2); p. 69 Documentation Française; p. 73 Paul Popper (2); p. 75 Documentation Française; p. 79 Roland Lesueur (2); p. 87 Henry Grant; p. 91 Roland Lesueur (2); p. 92 Documentation Française; p. 96 French Embassy; p. 98 Paul Popper; p. 101 Roland Lesueur; p. 105 Roland Lesueur (*right*), French Government Tourist Office (*left*); p. 106 Paul Popper (*left*), Citroën (*right*); p. 109 Richard Fowler; p. 111 Overseas Press Service; p. 115 Roland Lesueur; p. 117 Henry Grant; p. 119 Citroën; p. 122 Paul Popper; p. 126 Roland Lesueur (2); p. 130 French Government Tourist Office (*left*), Roland Lesueur (*right*); p. 134 Barnaby's Picture Library; p. 139 French Government Tourist Office (2); p. 140 Caravan Association, Henry Grant (2).

DRAWINGS

William Burnard and Kathleen Dowding.

DESIGN

Gillian Riley.

Table des matières

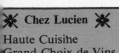

LE GUIDE D'AMBIERS

AMBIERS Chef-lieu de canton (3652 habitants) situé sur le Cher à 15 kilomètres de Tours. Marché important de légumes et de fruits.

A voir *dans la ville:*
le Château (XVe siècle)
l'Eglise St-Denis (XIIIe siècle)
la Porte de Tours (XIVe siècle)
vieilles maisons (XIIe–XVe siècles)
aux environs de la ville:
les Châteaux de la Loire
les villages de Bainville et de Seurcey.

On offre également au touriste

Piscine	Salle des Fêtes
Camping	Jardin Public
Maison des Jeunes	Piste de Cyclisme
Terrain de Sports	Pêche
Auberge de Jeunesse	

Les services de la ville

Police: Tél. 22 22 Poste de Police, 35, rue du Pont
Pompiers: Tél. 21 21 Poste de Sapeurs-Pompiers, Avenue Foch.
Mairie: Tél. 65 52 Place Descartes.
Syndicat d'Initiative: Tél. 65 53 Place Descartes.
Postes et Télécommunications: Tél. 23 12 Grand-Rue.
Bibliothèque: Tél. 65 54 Grand-Rue.
Hôpital: Tél. 32 32 Avenue du Maréchal de-Lattre-de-Tassigny.
Médecins: Docteur Boivin. Tél. 27 70
Docteur Clouzot. Tél. 37 77
Docteur Régnier. Tél. 42 95
Pharmacies: Pharmacie du Centre, Grand-Rue.
Pharmacie Cottard, Place du Château.

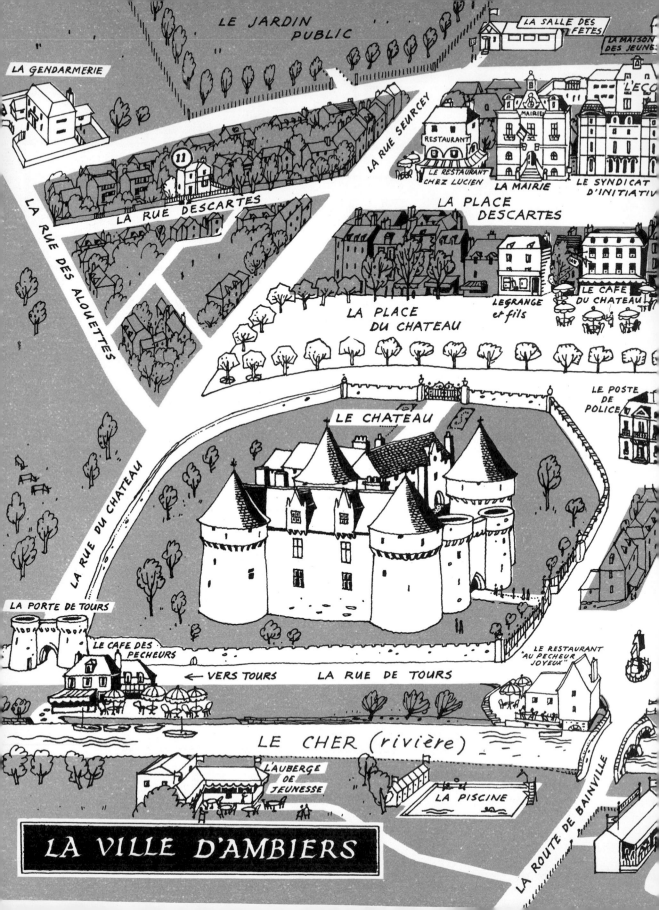

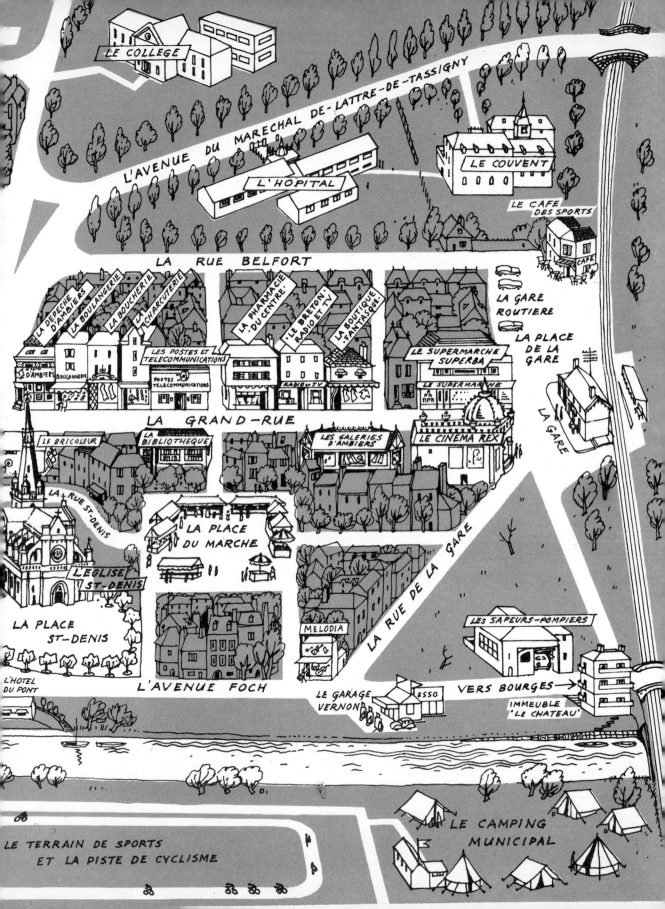

NOM *LAGARD*
Prénom *Charles*
Né le *2 Février 1913*
à *Bourges*
NATIONALITE FRANÇAISE
Adresse *7, Rue Belfort, Ambiers*
Profession *Directeur de la "Dépêche d'Ambiers"*
Education *Lycée de Bourges*
Goûts *Sports, pêche, voitures,*
tourisme, affaires civiles

NOM *LEFÈVRE*
Prénom *Danielle Thérèse*
Né le *7 Mars, 1 9 4 9*
à *Calais*
NATIONALITE FRANÇAISE
Adresse *47, Rue du Pont, Ambiers*
Profession *Photographe à la "Dépêche*
Education *Collège Technique de Rouen* *d'Ambiers"*
Goûts *photographie, sports, modes,*
disques, lecture, voitures

NOM *MORNET*
Prénom *Yves*
Né le *11 Juin 1949*
à *Marseille*
NATIONALITE FRANÇAISE
Adresse *11, rue Descartes, Ambiers*
Profession *Reporter à la "Dépêche d'Ambiers"*
Education *Lycée St Paul à Nancy*
Goûts *journalisme, lecture, disques,*
jazz moderne, voyages à l'étranger

Trois heures de l'après-midi par un beau jour de septembre. Comme d'habitude, presque rien ne se passe dans les rues de la petite ville d'Ambiers. Deux touristes américains prennent des photos de l'église. Un agent, un chien et trois vieilles femmes les regardent d'un air étonné.

A la gare, tout est tranquille. En ce moment M. Patou, le porteur, n'a rien à faire. Il dort, assis sur le quai. A ses pieds ses deux chats dorment aussi. Eux non plus n'ont rien à faire.

A trois heures trois M. Patou se réveille. Les deux chats ne se réveillent pas. M. Patou regarde sa montre. Il met sa casquette et se lève.

A trois heures cinq précises le train de l'après-midi arrive. M. Patou voit avec étonnement qu'un jeune homme descend avec des bagages.

1. *A la gare*

VIEILLE FEMME	Vite, jeune homme, le train va partir. Je veux descendre ici.
YVES MORNET	Voilà madame. J'ai mis tous vos bagages sur le quai.
VIEILLE FEMME	Oh, j'ai laissé mon sac dans le train!
YVES	Non madame, j'ai posé votre sac là, à côté de cette grande valise.
VIEILLE FEMME	Ah oui, le voilà.

2.

M. PATOU	Bonjour madame, bonjour monsieur. Vos billets, s'il vous plaît.
VIEILLE FEMME	Oh, j'ai perdu mon billet. Je l'ai laissé dans le train, j'en suis sûre.
YVES	Vous l'avez caché dans votre gant pour ne pas le perdre, madame.
VIEILLE FEMME	Mais je ne le vois pas. J'ai besoin de mes lunettes pour le chercher. Oh, je ne les trouve pas! Elles ne sont pas dans mon sac. Je les ai perdues, j'en suis sûre!
M. PATOU	Vous portez vos lunettes, madame. Et voilà votre billet, par terre. Vous l'avez laissé tomber.

3.

M. PATOU	Vous avez beaucoup de bagages, madame. Vous allez loin?
VIEILLE FEMME	Je vais chez ma fille, rue de Bainville. Elle m'a invitée à passer quelques semaines chez elle. Elle a promis de venir me chercher à la gare.
YVES	Voici une auto qui arrive. C'est sans doute votre fille.
VIEILLE FEMME	Oui, c'est Simone. Au revoir, messieurs. Mais où donc est mon parapluie? Est-ce que je l'ai perdu?

4. *Un gros monsieur arrive en taxi*

GROS MONSIEUR	Est-ce que le train de Tours est arrivé?
M. PATOU	Il est déjà parti, monsieur. Il est arrivé à trois heures cinq, comme tous les jours. Il est parti à trois heures huit, et vous êtes arrivé quatre minutes après.
GROS MONSIEUR	Zut alors! Je suis sorti de mon bureau à trois heures moins dix, mais le taxi n'est pas arrivé avant trois heures. Eh bien, je dois prendre l'autobus. Il n'est pas parti?
M. PATOU	Non, il n'est pas encore arrivé.
GROS MONSIEUR	Bon, je vais m'asseoir pour l'attendre.

5.

M. PATOU	Enfin, c'est à vous, jeune homme. Votre billet, s'il vous plaît.
YVES	Mais je vous l'ai donné il y a cinq minutes. Vous l'avez mis dans votre poche.
M. PATOU	Ah oui, le voici. Vous avez beaucoup de bagages, vous aussi. Vous allez rester longtemps chez nous à Ambiers?
YVES	Oui, je vais travailler ici comme reporter à *La Dépêche*. J'ai besoin de ce taxi-là, mais le chauffeur est parti.
M. PATOU	C'est Gilbert, mon fils. Il est allé au Café des Sports, sans doute. Je vais l'appeler.

6. *Cinq minutes plus tard*

M. PATOU	Ah, voilà Gilbert qui arrive enfin. Il a voulu finir son café, sans doute.
GILBERT	Je vais mettre les valises dans le taxi. Dites donc, elles sont lourdes, hein?
YVES	Oui, elles sont pleines de livres. J'en ai apporté des douzaines.
GILBERT	Voilà, je les ai mises dans la voiture. Où voulez-vous aller?
YVES	Rue Descartes. J'y ai pris une chambre chez Mme Boileau, numéro onze.
GILBERT	Très bien; montez, monsieur. En route.

Questions A

1a. Qu'est-ce que la vieille femme veut faire?
 b. Qu'est-ce qu'Yves Mornet a fait?
 c. Est-ce que la vieille femme a laissé son sac dans le train?
 d. Où est-ce qu'Yves a posé le sac?

2a. Où est-ce que la vieille femme a mis son billet?
 b. Pourquoi?
 c. De quoi a-t-elle besoin pour chercher le billet?
 d. Est-ce qu'elle a perdu ses lunettes?
 e. Qu'est-ce que M. Patou a vu par terre?

3a. Qui a invité la vieille femme à passer quelques semaines chez elle?
 b. Qu'est-ce que sa fille a promis de faire?
 c. Qu'est-ce que la vieille femme ne trouve pas?

4a. A quelle heure est-ce que le train de Tours est arrivé?
 b. Est-ce que le train est parti?
 c. A quelle heure est-ce que le gros monsieur est arrivé?
 d. A quelle heure le taxi est-il arrivé au bureau du monsieur?
 e. Est-ce que l'autobus est déjà parti?

5a. Est-ce que M. Patou a déjà pris le billet d'Yves?
 b. Qu'est-ce qu'il a fait avec ce billet?
 c. Pourquoi Yves est-il venu à Ambiers?
 d. Où est-ce que le chauffeur du taxi est allé?

6a. Est-ce que Gilbert est arrivé tout de suite?
 b. Qu'est-ce qu'il a voulu faire?
 c. Pourquoi est-ce que les valises sont lourdes?
 d. Pourquoi Yves veut-il aller chez Mme Boileau?

Questions B

Vous avez invité quelques amis à passer la soirée chez vous. Il faut faire tous les préparatifs.

1. Avez-vous choisi des disques?
2. Avez-vous installé l'électrophone?
3. Qu'est-ce que vous avez préparé pour manger?
4. Qu'est-ce que vous avez acheté pour boire?
5. Avez-vous téléphoné à tous vos amis pour les inviter?
6. Vous n'avez pas oublié de demander la permission à vos parents?
7. Vous avez fait vos devoirs?

Exercice 1

1. Qu'est-ce que le gros monsieur a perdu?

2. Où est-ce que Françoise a acheté ce chapeau?

3. Qu'est-ce que tu as acheté hier, Henri?

4. Qu'est-ce que tu as cassé?

5. Où êtes-vous allé ce matin?

6. A quelle heure est-ce que les jeunes filles sont parties?

7. Comment est-ce que M. Martin est arrivé au bureau?

8. Pourquoi est-ce que Gilbert est allé au café?

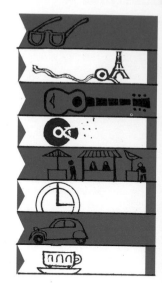

Exercice 2

exemple M. Martin est arrivé à dix heures, mais Mme Martin est arrivée à onze heures.

1. M. Martin est arrivé à sept heures, mais Mme Martin ...

2. La vieille femme est sortie à midi, mais sa fille ...

3. Je suis rentré à deux heures et demie, mais ma sœur ...

4. Je suis parti à quatre heures moins le quart, mais mes frères ...

5. Les garçons sont allés en ville à cinq heures, mais Simone ...

Exercice 3

exemple J'ai acheté des pommes, mais je n'ai pas acheté d'oranges.

1. J'ai acheté des tomates, mais ...

2. Nous avons acheté des croissants, mais ...

3. J'ai perdu mon stylo, mais ...

4. Yves a cassé les œufs, mais ...

5. M. Martin a trouvé son billet, mais ...

6. Vous avez mis toutes les valises dans le camion, mais ...

7. J'ai descendu les chaises de la chambre, mais ...

8. Simone a préparé les légumes, mais ...

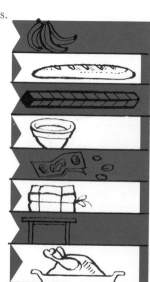

M. et Mme Boileau habitent rue Descartes depuis plus de vingt ans. Leur maison est située dans un coin tranquille de la ville, mais il est très facile d'arriver au centre. On doit traverser la Place du Château pour arriver à la Grand-Rue, où se trouvent les magasins, la Poste, la bibliothèque, le cinéma Rex et les bureaux de *La Dépêche d'Ambiers*, où Yves va travailler comme reporter.

La maison de Mme Boileau est assez vieille mais très confortable. Au rez-de-chaussée il y a le salon, la salle à manger et la cuisine. La chambre d'Yves aussi est située au rez-de-chaussée. Au premier étage il y a quatre chambres et la salle de bain. Il y a aussi un grenier plein de valises, de vieux tableaux et de livres, et un sous-sol avec une cave pour le vin.

A côté de la maison il y a une petite cour, avec des fleurs. Derrière la maison se trouve le petit jardin où Mme Boileau cultive des légumes et quelques arbres fruitiers. Il n'y a pas de garage, mais M. Boileau n'en a pas besoin; il n'a pas d'auto et va au travail sur un vieux vélomoteur.

Conversations

A. *Le taxi d'Yves vient d'arriver 11, rue Descartes. Mme Boileau est sortie de la maison. Yves paye Gilbert et prend ses valises.*

MME BOILEAU	Ah, vous voilà, M. Yves. Vous êtes arrivé de bonne heure.
YVES	Bonjour, madame. Oui, j'ai décidé de prendre le train du matin, qui est arrivé ici à trois heures cinq.
MME BOILEAU	Entrez donc, je vous en prie. Je vais vous montrer votre chambre.

B. *Dans la maison*

MME BOILEAU	Vous voyez, la chambre est au rez-de-chaussée.
YVES	Elle est très bien.
MME BOILEAU	Vous avez une grande armoire pour vos vêtements, avec des tiroirs.
YVES	Ah, il y a une bibliothèque. Excellent, j'ai apporté beaucoup de livres.
MME BOILEAU	Vous pouvez vous installer dans ce fauteuil pour lire, mais vous avez besoin d'une lampe. Je vais vous en apporter une. Il y a une table, si vous voulez travailler le soir.
YVES	Où se trouve la salle de bain?
MME BOILEAU	Vous avez un cabinet de toilette à côté, avec douche.
YVES	A quelle heure est-ce qu'on dîne?
MME BOILEAU	D'habitude je prépare le dîner pour huit heures, mais si vous devez sortir je peux toujours vous préparer un souper froid. Voulez-vous prendre le petit déjeuner dans la chambre ou en famille?
YVES	Comme vous voulez, madame.
MME BOILEAU	Eh bien, prenez-le avec nous.

C.   Vous allez passer un mois chez une famille française. Vous venez d'arriver et Mme Prunier vous montre votre chambre. Demandez à quelle heure on prend le petit déjeuner, le déjeuner et le dîner. Vous avez besoin d'une chaise.

D.   A la fin de votre séjour il faut prendre un taxi pour aller à la gare. Imaginez la conversation avec le chauffeur, qui arrive en retard.

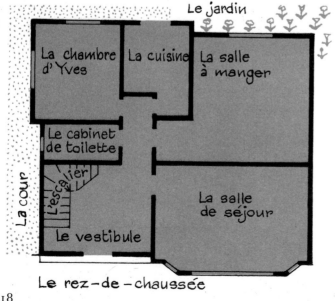

Le rez-de-chaussée

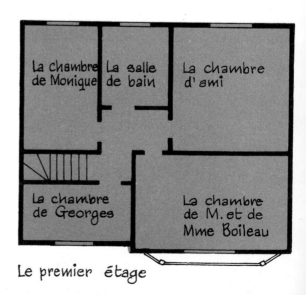

Le premier étage

Composition : M. Jazy en voyage

A

hier	Yves a	acheté	un disque
samedi dernier	j'ai	choisi	des chaussures
il y a un mois		vendu	une guitare

B

hier	j'ai	trouvé	de l'argent
	tu as	perdu	une clef
	il a		
	elle		
	nous avons		
	vous avez		
	ils ont		
	elles		

C

hier	je suis	arrivé(e)	à midi
	tu es		de bonne heure
	il est	arrivé	à l'heure du déjeuner
	elle	arrivée	avant Pierre
	nous sommes	arrivé(e)s	après Simone
	vous êtes		
	ils sont	arrivés	
	elles	arrivées	

D

il y a cinq minutes	Simone	est	montée	dans sa chambre
	Monique		allée	au club
	Brigitte		entrée	avec sa mère
	ma sœur		tombée	de son scooter
			rentrée	à la maison
			sortie	pour faire des achats
			partie	avec Henri
			venue	voir Hélène
			descendue	au sous-sol
			revenue	de Tours

E

où	est	mon	stylo?	zut, je		l'ai	perdu!
		ma	montre?				perdue!
	sont	mes	gants?		les		perdus!
			lunettes?				perdues!

F

où	est	votre	billet?	je	vous	l'ai	donné
	sont	vos	billets?			les	donnés

G

as-tu vu Henri?	non,	je	ne	l'ai	pas	vu
avez-vous fini vos devoirs?		nous		les avons		finis
est-il revenu de Paris?		il	n'	est		revenu

Le soir

Yves a commencé à s'installer dans sa chambre. Il a sorti tous ses vêtements des valises et les a rangés dans l'armoire et dans les grands tiroirs.

Il a rangé ses livres dans la petite bibliothèque qui se trouve à côté du lit.

Yves est très content de sa chambre qui donne sur la petite cour. Ici c'est très tranquille. Il va passer ses heures libres à lire, assis dans son fauteuil confortable.

A sept heures et demie il a fini tous ses préparatifs. Il a pris une douche dans le cabinet de toilette à côté de sa chambre. Ensuite, il est allé au salon. Bientôt, les Boileau sont entrés, l'un après l'autre.

1. *Dans le salon*

MME BOILEAU	Ah, voici Georges. Tu es rentré tard ce soir, mon fils. Tu jouais au tennis, sans doute.
GEORGES	Non, maman. Je travaillais à la bibliothèque. J'avais besoin d'un grand dictionnaire.
MME BOILEAU	Monsieur Yves, je vous présente Georges.
GEORGES	Enchanté, monsieur.
YVES	Appelez-moi Yves, je vous en prie.

2.

MME BOILEAU	Je préparais le dîner quand tu es arrivé. Tu peux mettre la table.
GEORGES	Monique n'est pas là?
MME BOILEAU	Non, elle est allé voir Bernard. Ils voulaient faire des préparatifs pour le mariage.
GEORGES	Ah oui, ils allaient faire une liste de cadeaux, n'est-ce pas? Tant pis, c'est moi qui dois mettre la table.

3. *M. Boileau vient de rentrer*

GEORGES	Voici mon père. Papa, c'est Monsieur Yves Mornet.
M. BOILEAU	Enchanté de faire votre connaissance, monsieur.
YVES	Moi aussi, monsieur.
M. BOILEAU	Je viens de rencontrer Monique. Elle attendait Bernard au coin de la rue.
GEORGES	Tiens, d'habitude ce sont les hommes qui doivent attendre!

4.

M. BOILEAU	J'ai vu un petit accident en traversant la Place.
MME BOILEAU	Oh, qu'est-ce qui est arrivé?
M. BOILEAU	Rien de grave. Il y avait deux vieilles femmes qui voulaient traverser la rue. Elles ont attendu le feu rouge, mais comme elles traversaient la rue un camion est arrivé à toute vitesse. Le chauffeur n'a pas vu le feu rouge et le camion ne s'est pas arrêté. Une jeune fille qui sortait de la Grand-Rue à scooter a dû freiner très brusquement pour ne pas renverser les vieilles femmes, et elle est tombée de son scooter. M. Ferrier, l'agent, était là et a pris le numéro du camion.

5.

GEORGES	M. Lagard a téléphoné pendant que tu racontais l'histoire de l'accident, papa. Il va venir après le dîner pour voir Yves.
MME BOILEAU	Très bien. Vous savez, Yves, que M. Lagard habitait ici chez nous il y a vingt ans.
YVES	Oui, il me l'a dit. Voilà pourquoi j'ai voulu prendre une chambre chez vous, madame. C'est la même chambre, n'est-ce pas?
M. BOILEAU	Oui, c'est ça. Il a passé trois ans chez nous avant son mariage.

6. *Plus tard, après le dîner*

GEORGES	Voici M. Lagard, maman.
M. LAGARD	Bonsoir, tout le monde. Enchanté de vous revoir. Mais vous dîniez quand je suis entré. Je vous dérange.
MME BOILEAU	Pas du tout, M. Charles. Nous parlions du temps où vous habitiez chez nous.
M. LAGARD	Oh, j'étais très bien ici. Je passais toutes mes heures libres à lire dans la cour.
MME BOILEAU	Et le dimanche vous restiez au lit jusqu'à dix heures.
M. LAGARD	Je faisais la grasse matinée parce que je travaillais tard le samedi soir.
M. BOILEAU	Oui, quelquefois vous ne rentriez pas avant minuit.
M. LAGARD	Ah, quand j'étais jeune je me couchais tard. Maintenant je me couche à dix heures.

1a. Qui est rentré tard?
 b. Est-ce que Georges jouait au tennis?
 c. Pourquoi est-il allé à la bibliothèque pour travailler?

2a. Que faisait Mme Boileau quand son fils est arrivé?
 b. Pourquoi est-ce que Monique est allée voir Bernard?
 c. Qu'est-ce qu'ils allaient faire?

3a. Qui mettait la table quand M. Boileau est entré?
 b. Où était Monique quand M. Boileau l'a vue?
 c. Qui est-ce qu'elle attendait?

4a. Qu'est-ce que M. Boileau a vu comme il traversait la Place?
 b. Qu'est-ce que les deux vieilles femmes voulaient faire?
 c. Qu'est-ce qui est arrivé comme elles traversaient la rue?
 d. Est-ce que le camion s'est arrêté?
 e. Qui sortait de la Grand-Rue?
 f. Qu'est-ce que la jeune fille a dû faire?

5a. Qu'est-ce qui est arrivé pendant que M. Boileau racontait l'histoire de l'accident?
 b. Quand est-ce que M. Lagard habitait chez les Boileau?
 c. Combien de temps a-t-il passé rue Descartes?

6a. De quoi est-ce qu'on parlait quand M. Lagard est entré?
 b. Comment est-ce que M. Lagard passait ses heures libres?
 c. Qu'est-ce qu'il faisait le dimanche matin?
 d. Qu'est-ce qu'il faisait le samedi soir?

Questions B

Vous avez vu l'accident dans la Place du Château. Il faut raconter à M. Ferrier, l'agent, tout ce qui est arrivé. Voici ses questions:

1. A quelle heure êtes-vous arrivé Place du Château, monsieur?
2. Est-ce qu'il y avait beaucoup de gens là?
3. Est-ce que vous étiez à pied?
4. Où étiez-vous quand le camion est arrivé?
5. Que faisiez-vous?
6. Est-ce que les vieilles femmes étaient en train de traverser la rue?
7. Pourquoi est-ce que la jeune fille est tombée de son scooter?
8. Est-ce que le chauffeur du camion allait trop vite?

Exercice 1

1. Quel temps faisait-il quand Yves est arrivé?

2. Où est-ce que M. Martin allait quand il a vu son ami?

3. Avec qui est-ce que la jeune fille parlait?

4. Qu'est-ce que Monique faisait?

5. Pourquoi M. Martin a-t-il mis ses gants?

6. Où est-ce qu'Yves voulait aller?

7. A quelle heure M. Lagard se levait-il quand
il était jeune?

8. Qu'est-ce que Georges allait acheter?

Exercice 2

exemple Maintenant j'ai une grande auto. Il y a cinq ans j'avais une petite auto.

1. Maintenant j'ai une grande maison.

2. Maintenant je travaille à Bourges.

3. Maintenant nous habitons à Ambiers.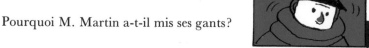

4. Maintenant M. Boileau joue aux cartes.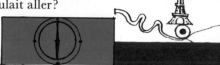

5. Maintenant Monique joue du piano.

6. Maintenant les garçons se couchent à neuf heures.

7. Maintenant M. Martin a trois fils.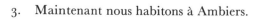

8. Maintenant Henri a deux cents disques.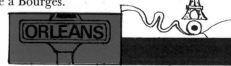

9. Maintenant nous buvons du vin.

10. Maintenant Simone travaille dans un grand magasin.

La famille Boileau

M. Boileau a cinquante ans. Il est assez gros et il a les cheveux gris. Il travaille au garage de M. Vernon comme mécanicien. Il aime beaucoup aller à la pêche le dimanche. Il n'aime pas du tout travailler au jardin; il préfère bricoler au sous-sol, où il fait des bibliothèques, des armoires, des placards et des tables.

Mme Boileau a quarante-huit ans. Elle est petite. Ses cheveux sont noirs et ses yeux bruns. Elle passe presque tout le temps à travailler dans la maison ou à jardiner, mais le matin elle va au marché, où elle rencontre ses amies et ses voisines. Elle aime cultiver les légumes et les arbres fruitiers. Le soir elle regarde la télévision et fait son tricot. Elle n'est jamais sans travail.

Monique est la fille unique de M. et de Mme Boileau. Elle a dix-huit ans. C'est une jolie blonde aux yeux bleus. En ce moment, elle travaille comme secrétaire dans les bureaux d'une compagnie de transports, mais elle va bientôt se marier avec Bernard Poirier, employé à la banque. Ils cherchent un petit appartement, pas trop cher et pas trop loin d'Ambiers.

Georges est le fils cadet des Boileau. Il est élève au Collège d'Ambiers. Il a seize ans et est en seconde. Il veut aller à l'université. Il travaille très bien mais il est quand même sportif. Il joue au football et au basketball. Il passe ses heures libres au terrain de sports ou à la Maison des Jeunes, où il va retrouver ses copains.

Alain est le fils aîné. Il a vingt-quatre ans. Il est marié depuis deux ans et il habite à Tours, pas loin d'Ambiers, dans un joli appartement près du centre de la ville. Sa femme, Brigitte, vient d'avoir un beau petit garçon, Michel. Alain est ingénieur aux laboratoires de l'Agence Atomique. Il ne parle jamais de son travail qui est très secret.

Conversations

A. *Au Café du Château*

M. Lagard et Yves sont allés au Café du Château. Ils se sont assis à la terrasse, car il faisait assez chaud.

M. LAGARD   Eh bien, Yves. Vous vous êtes installé chez les Boileau?

YVES   Oui, monsieur Lagard. La chambre est très bien et la famille est très aimable.

GARÇON   Qu'est-ce que vous désirez, monsieur Lagard?

M. LAGARD   Moi, je vais prendre un café-crème. Et pour vous, Yves?

YVES   Moi aussi, je voudrais un café-crème.

GARÇON   Alors, deux crèmes, tout de suite... Deux crèmes, deux, terrasse!

M. LAGARD   Vous avez l'air assez fatigué, Yves.

YVES   Oui, parce que je me suis couché tard hier soir, et ce matin je me suis levé à six heures. J'ai dû faire mes valises avant de partir.

M. LAGARD   Ah, voici les cafés. Mais, Gaston, vous avez oublié de nous apporter des cuillers.

GARÇON   Pardon, monsieur... Voilà.

YVES   Mais il n'y a pas de sucre!

GARÇON   Zut alors, qu'est-ce que je fais? Je vous demande pardon, messieurs.

M. LAGARD   Il n'y a pas de quoi. Maintenant nous avons tout.

M. LAGARD   Eh bien, demain vous devez arriver au bureau à neuf heures, Yves.

YVES   Très bien, monsieur Lagard. Maintenant je vais me coucher de bonne heure. Je ne veux pas être en retard demain.

M. LAGARD   Gaston, combien vous dois-je?

GARÇON   Deux crèmes, ça fait deux francs soixante-dix.

M. LAGARD   Voilà.

GARÇON   Merci, M. Lagard.

M. LAGARD   On n'a pas besoin de donner un pourboire ici, Yves. Le service est compris.

YVES   Oui, je vois, c'est marqué. Bonne nuit, monsieur, et merci pour le café.

M. LAGARD   De rien, Yves. Bonne nuit, dormez bien, et demain – au travail.

B.   Vous allez au Café du Château prendre le petit déjeuner avec un ami. Commandez deux tasses de café, des croissants et du beurre.

C.   Le garçon s'est couché tard hier. Il oublie d'apporter des assiettes et des couteaux; il n'apporte qu'un croissant – sans beurre. Demandez l'addition. Le café est à 1F35 la tasse et les croissants sont à 70 centimes. N'oubliez pas le service.

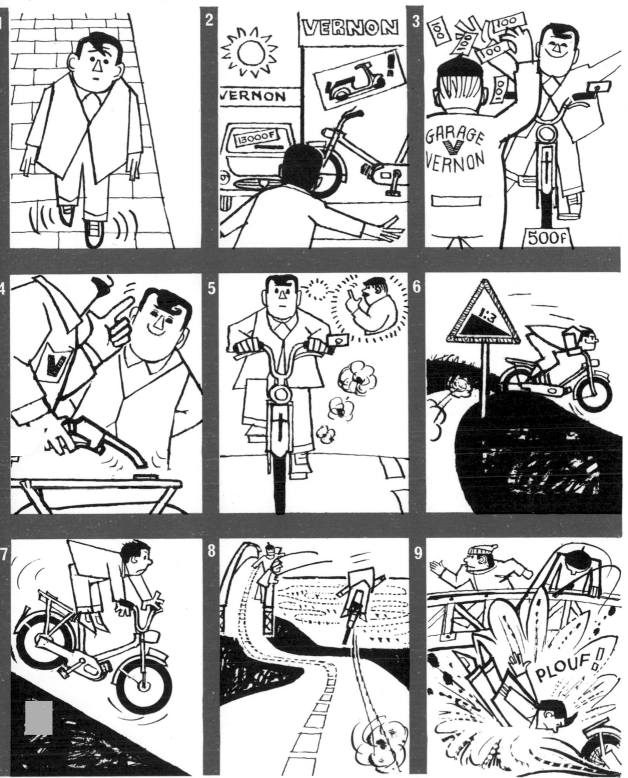

Modèles

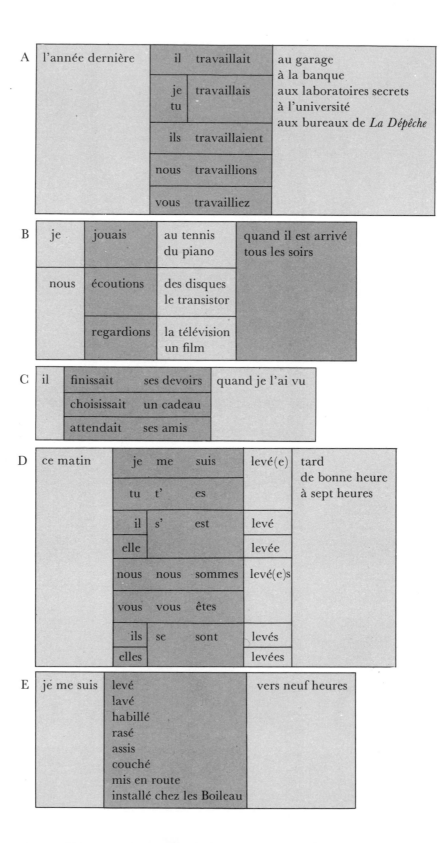

A

l'année dernière	il travaillait	au garage
	je / tu travaillais	à la banque
	ils travaillaient	aux laboratoires secrets
	nous travaillions	à l'université
	vous travailliez	aux bureaux de *La Dépêche*

B

je	jouais	au tennis / du piano	quand il est arrivé
nous	écoutions	des disques / le transistor	tous les soirs
	regardions	la télévision / un film	

C

il	finissait ses devoirs	quand je l'ai vu
	choisissait un cadeau	
	attendait ses amis	

D

ce matin	je me suis levé(e)	tard
	tu t' es	de bonne heure
	il s' est levé	à sept heures
	elle levée	
	nous nous sommes levé(e)s	
	vous vous êtes	
	ils se sont levés	
	elles levées	

E

| je me suis | levé / lavé / habillé / rasé / assis / couché / mis en route / installé chez les Boileau | vers neuf heures |

Au travail

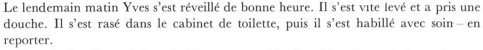

Le lendemain matin Yves s'est réveillé de bonne heure. Il s'est vite levé et a pris une douche. Il s'est rasé dans le cabinet de toilette, puis il s'est habillé avec soin – en reporter.

    Toute la famille a pris le petit déjeuner ensemble. Pour Yves il y avait des croissants, mais les Boileau ont mangé du pain avec du beurre.

    A huit heures moins le quart, M. Boileau est parti pour arriver au garage Vernon avant huit heures. Georges a dû quitter la maison à huit heures et quart pour arriver au collège à huit heures et demie. Monique aussi est partie de bonne heure, parce qu'elle devait être au bureau à huit heures et demie.

    Yves est parti à neuf heures moins le quart; il a descendu la rue Descartes, a traversé la Place du Château, et est entré dans les bureaux de *La Dépêche* à neuf heures moins cinq.

1. *Aux bureaux de* La Dépêche

YVES	Bonjour M. Lagard.
M. LAGARD	Ah, bonjour, Yves, vous arrivez de bonne heure. Venez avec moi, je vous montrerai votre bureau. Vous travaillerez ici avec les autres reporters.
YVES	Mais personne n'est là!
M. LAGARD	Non, ils sont déjà sortis pour faire des reportages. Ils rentreront cet après-midi.

2.

M. LAGARD	Voici Danielle qui arrive. Je vous présenterai l'un à l'autre.
DANIELLE	Bonjour M. Lagard.
M. LAGARD	Bonjour Danielle. Je te présente Yves Mornet, qui travaillera avec toi. Yves, Danielle Lefèvre, notre photographe. Danielle, tu aideras Yves, n'est-ce pas?
DANIELLE	Bien sûr, monsieur. Nous travaillerons ensemble.
YVES	Enchanté, mademoiselle.
DANIELLE	Oh, je vous en prie, vous m'appellerez Danielle, et moi, je vous appellerai Yves.

3.

M. LAGARD	Danielle va vous dire comment vous passerez votre temps. Je dois vous laisser maintenant. Je vous reverrai à cinq heures.
DANIELLE	Eh bien, pour le premier mois vous m'accompagnerez.
YVES	J'aurai beaucoup à apprendre sans doute. Mais quand est-ce que je commencerai à écrire quelque chose?
DANIELLE	Oh, attendez un peu. Vous ferez bientôt beaucoup de reportages – sur des mariages, des fêtes, des matchs de football, enfin vous aurez trop à faire.

4.

DANIELLE	Aujourd'hui nous ferons un petit tour d'Ambiers et des environs. Vous ferez la connaissance de quelques amis qui vous aideront beaucoup. Nous visiterons aussi les villages et les fermes. Vous devrez très bien connaître la région.
YVES	D'accord. Ça sera très intéressant.

5.

DANIELLE	Nous emporterons des provisions et nous déjeunerons en plein air.
YVES	D'accord. Moi, j'achèterai du pain et des fruits.
DANIELLE	Vous trouverez la boulangerie à côté, et le marché est situé derrière la bibliothèque. Moi, j'irai à la charcuterie pour acheter du saucisson. Je vous retrouverai devant les bureaux.

6. *Devant les bureaux, dix minutes plus tard*

YVES	Dites donc, c'est votre auto?
DANIELLE	Oui, j'en ai besoin pour transporter mes appareils. Elle est assez vieille mais elle marche bien.
YVES	J'achèterai un scooter quand j'aurai assez d'argent. Je ne pourrai pas faire tous mes reportages à pied.
DANIELLE	M. Boileau travaille au garage. Il vous donnera des conseils quand vous voudrez choisir un scooter. Mais maintenant nous devons partir.

Questions A

1a. Qu'est-ce que M. Lagard montrera à Yves?
 b. Avec qui est-ce qu'Yves travaillera?
 c. Est-ce que les autres reporters sont dans le bureau?
 d. Quand rentreront-ils?

2a. Est-ce que Danielle aidera Yves?
 b. Est-ce que Danielle est reporter?

3a. A quelle heure est-ce que M. Lagard reverra Yves et Danielle?
 b. Qu'est-ce qu'Yves fera pour le premier mois?
 c. Est-ce qu'Yves fera bientôt des reportages?

4a. Qu'est-ce qu'Yves et Danielle vont faire aujourd'hui?
 b. Pourquoi vont-ils visiter les villages?

5a. Pourquoi est-ce que Danielle a décidé d'emporter des provisions?
 b. Qui achètera du pain?
 c. Où est-ce qu'Yves achètera des fruits?
 d. Où est-ce que Danielle ira pour acheter du saucisson?
 e. Où est-ce qu'elle retrouvera Yves?

6a. Pourquoi est-ce que Danielle a besoin d'une auto?
 b. Qu'est-ce qu'Yves achètera quand il aura assez d'argent?
 c. Pourquoi aura-t-il besoin d'un scooter?
 d. Qui lui donnera des conseils?

Questions B

Samedi prochain vous allez faire un pique-nique avec vos amis. Il faut faire des préparatifs.

1. Vous irez à la campagne ou au bord de la mer?
2. Vous prendrez le train?
3. Qu'est-ce que vous emporterez pour boire?
4. Qu'est-ce que vous achèterez comme provisions?
5. Qui portera les provisions?
6. Est-ce qu'on voudra écouter de la musique? Vous aurez peut-être besoin d'un transistor ou d'un électrophone?
7. A quelle heure arriverez-vous?
8. Qu'est-ce que vous ferez s'il pleut samedi?

Exercice 1

1. Que fera Monique dimanche?

2. Qu'est-ce que M. Martin fera ce soir?

3. Où ira Mme Boileau demain?

4. Qu'est-ce que Danielle achètera en ville?

5. Où est-ce que je vous retrouverai?

6. Qu'est-ce que tu feras après-demain?

7. Avec qui travaillerez-vous?

8. Qui donnera des conseils à Yves?

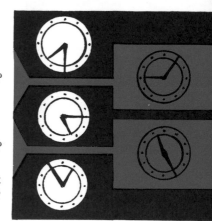

Exercice 2

1. A quelle heure M. Martin arrivera-t-il?

2. A quelle heure Mme Boileau partira-t-elle?

3. A quelle heure Simone rentrera-t-elle?

4. A quelle heure est-ce que vos amis arriveront?

5. A quelle heure est-ce que les jeunes filles finiront leurs devoirs?

Exercice 3

exemple   Hier je suis allé à la pêche. Demain aussi j'irai à la pêche.

1. Hier M. Martin est allé à la pêche.
2. Hier nous nous sommes levés de bonne heure.
3. Hier j'ai fait une promenade en auto.
4. Hier j'ai acheté des pommes.
5. Hier nous sommes arrivés en retard.
6. Hier ils sont partis de bonne heure.
7. Hier nous avons écrit des lettres.
8. Hier j'ai vu un bon film.
9. Hier elles m'ont envoyé un cadeau.
10. Hier vous avez déjeuné chez moi.

Les voitures

Danielle a une vieille 2CV. Elle a besoin d'une auto pour transporter ses appareils. Son auto n'est pas belle, mais elle marche très bien. Danielle l'a achetée il y a six mois au garage de M. Vernon. Elle veut avoir une belle auto neuve, peut-être un modèle «sport», un modèle anglais ou italien.

M. Lagard a une grande Citroën, qui est très confortable et très rapide. Il fait quelquefois du cent cinquante à l'heure quand il fait un reportage important. Lui aussi a acheté sa voiture chez M. Vernon.

Yves n'a pas de voiture. Il achètera un scooter quand il aura assez d'argent. Lui aussi veut avoir une voiture de sport, mais il préfère les modèles allemands. Quand il sera le chef des reporters de *La Dépêche* il en achètera une.

M. Vernon est le propriétaire du garage qui se trouve au bord de la rivière. Il habite dans une maison derrière son garage. Il a deux voitures, une vieille camionnette 2CV (ci-dessus) et une belle Renault, qu'il vient d'acheter.

Conversations

A. *Au marché* Yves est allé au marché acheter des provisions pour le pique-nique.

MARCHAND DE FRUITS	Bonjour monsieur. Vous désirez?
YVES	Je voudrais des pommes.
MARCHAND	En voici. Ce sont des vraies pommes du pays, toutes fraîches.
YVES	A combien sont-elles?
MARCHAND	A un franc quarante-huit le kilo. Vous n'en trouverez pas de moins chères.
YVES	Bon, j'en prendrai un kilo.
MARCHAND	Voilà, monsieur. Et avec ça?
YVES	Je voudrais aussi des tomates.
MARCHAND	J'en ai à deux francs le kilo, et j'en ai des meilleures à deux francs cinquante.
YVES	Je prendrai une livre à deux francs.
MARCHAND	Et avec ça?
YVES	C'est tout; combien vous dois-je?
MARCHAND	Ça fait deux francs quarante-huit.
YVES	Voilà cinq francs.
MARCHAND	Et voilà deux francs cinquante-deux centimes que je vous rends.

B. *Chez le boulanger* Vous allez chez le boulanger acheter du pain et des croissants. Vous voulez acheter un pain à quatre-vingt-dix centimes et six croissants à soixante centimes la pièce.

C. *Chez le charcutier* Vous allez chez le charcutier acheter du saucisson. Vous avez besoin de deux cents grammes à dix francs le kilo.

D. *Chez l'épicier* Vous allez chez l'épicier acheter du café, du sucre et de l'huile.

Composition : En panne

A

hier	j'ai	joué	au volleyball	demain	je jouerai	au tennis
	tu as		au football		tu joueras	aux cartes
	il a		du piano		il jouera	de l'accordé
	nous avons				nous jouerons	
	vous avez				vous jouerez	
	ils ont				ils joueront	

B

demain	je	prendrai	du vin
		boirai	du café
		vendrai	de la limonade
		partirai	de bonne heure
		sortirai	à neuf heures
		rentrerai	tard
		me coucherai	

C

demain	il fera	du soleil
		froid
		mauvais temps
		du vent
	il y aura	beaucoup à faire
	j'aurai	trop de travail
		assez d'argent
	je serai	riche
		content
	j'irai	à Paris
		à la campagne
		en ville
	les Boileau viendront	me voir
		ici
	nous pourrons	faire une promenade
		aller au cinéma

D

quand	je serai riche	j'achèterai une voiture de sport
	j'aurai assez d'argent	j'irai en Espagne
		je ne travaillerai plus

LA DEPECHE D'AMBIERS

Tomates pour Pepito

Dimanche dernier devant une grande foule de jeunes le célèbre Pepito, vedette des disques, a donné un concert dans la Salle des Fêtes d'Ambiers. Il est resté en scène pendant une heure et demie et il a chanté une douzaine de ses chansons récentes.

Les jeunes dans la Salle des Fêtes ont fait beaucoup de bruit, mais tous n'étaient pas des fans du jeune chanteur. A la fin de sa première chanson, «N'écoute pas tes amis», des jeunes ont lancé des tomates. Quelques-unes ont frappé Pepito. Elles ont sali sa belle chemise à fleurs et son pantalon en velours, mais il a continué à sourire et à chanter.

Cloches et tomates

Au début de la deuxième partie du concert des élèves du Collège d'Ambiers ont sonné les cloches de l'église pendant dix minutes. Mais rien ne pouvait troubler ce chanteur, et il a continué à sourire jusqu'à la fin du concert.

A part les lanceurs de tomates la plupart des jeunes au concert se sont bien amusés; ce n'est qu'à onze heures du soir, une heure et demie après la fin du concert, que Pepito a pu quitter la Salle des Fêtes, mais sans sa jolie chemise à fleurs que quelques fans ont saisie comme il sortait.

Les jeunes m'aiment!

Interviewé après le concert par notre reporter, Pepito ne s'est pas montré troublé par les lanceurs de tomates. «J'aime bien les tomates», a-t-il dit. «Je les trouve très agréables et rafraîchissantes. Ce qui est dommage, c'est qu'on les lance très mal. Ce soir la plupart des tomates m'ont manqué.

«Il n'est pas nécessaire de mettre à la porte les lanceurs de tomates. Je crois qu'ils s'amusent bien à les lancer, et ils payent leur place, voilà qui est important. D'ailleurs, quand ils décident de lancer des tomates, d'habitude c'est avant de m'entendre chanter, c'est à dire avant de me connaître. A la fin d'un concert tous les jeunes m'aiment bien.»

Lisez LA DEPECHE
toutes les semaines!

Habitants d'Ambiers : Yves Mornet

Quelques-uns de nos lecteurs connaissent déjà M. Yves Mornet. C'est le nouveau reporter à *La Dépêche*. Il vient d'arriver à Ambiers mais en effet nous le connaissons déjà, car il est le fils de M. Jean Mornet, qui était professeur de géographie au Collège d'Ambiers. M. Mornet a quitté Ambiers il y a vingt ans, mais il a toujours beaucoup d'amis ici.

M. Mornet fils a dix-neuf ans. C'est à Marseille qu'il a passé ses premières années. Il vient de finir ses études au Lycée St Paul à Nancy où habitent à présent ses parents. Yves ressemble beaucoup à son père. Il est assez grand, il est maigre et il porte les cheveux assez courts. Il aime beaucoup lire et, bien entendu, il aime écrire. Un jour il écrira un roman, dit-il, peut-être quand il aura trente ans.

Il aime tous les sports et surtout il aime faire du ski. Il aime écouter les disques et jouer de la batterie. Quand il ne travaille pas il aime passer la soirée dans une discothèque à écouter des disques et à parler avec les jeunes. Son groupe préféré ?... les Papillons, mais il aime aussi le jazz moderne.

Il aime voyager à l'étranger et il a déjà visité des pays voisins de la France – l'Espagne, l'Allemagne, l'Italie et le Luxembourg. Il espère visiter les Etats-Unis un jour comme reporter d'un des grands journaux français.

Yves Mornet s'occupera surtout des goûts de nos jeunes lecteurs. Vous le verrez aux clubs et à la Maison des Jeunes, aux matchs de football, aux concerts de jazz, enfin partout où il y a des jeunes. Nous espérons que son séjour ici sera très agréable, et que vous aimerez ce qu'il écrira pour *La Dépêche*.

EN PASSANT

✦ ✦ ✦ ✦ ✦ ✦ ✦ ✦ ✦

On a volé sa maison

Jacques Duclos, 42 ans, propriétaire d'un journal parisien, est allé passer quelques jours dans sa maisonnette de campagne, petite maison de bois près de Bainville où il passe ses vacances.

Arrivé à Bainville, M. Duclos est étonné de voir que sa maisonnette n'est plus là. On l'a volée pendant l'hiver, et il ne reste que les fondations.

Le premier moment d'étonnement passé, M. Duclos s'est mis à travailler. Il a passé toutes ses vacances à reconstruire sa maisonnette.

Accident de la route

Près de Saule un camion a dérapé sur la route gelée et est tombé sur la voie de chemin de fer. En tombant le camion a coupé les fils électriques. L'interruption du courant a arrêté un train qui était sur le point d'arriver sur le lieu de l'accident.

Jour de congé

Les élèves du Collège d'Ambiers auront un jour de congé lundi prochain. Une douzaine de leurs professeurs devront aller à Paris ce jour-là. Au mois de mai, en plein jour, quand ils sont allés voir un match de rugby au stade de Colombes, ils ont été témoins d'un hold-up. Depuis, les voleurs ont été arrêtés et le procès commencera lundi matin.

Ambiers - ville moderne

Il y en a certains qui disent que notre belle ville n'est pas «dans le vent», qu'elle n'est pas très moderne. Ils disent qu'il n'y a rien ici pour encourager les visites touristiques. Mais examinons ce que nous pouvons offrir aux touristes.

Le touriste qui aime visiter les monuments peut se rendre au Château d'Ambiers, monument qui compte plus de quatre cents ans d'histoire française. Il peut aussi faire le tour de l'Eglise St. Denis.

Au mois de juillet on peut assister à la Fête d'Ambiers, au Festival de Théâtre et de Musique, à la Fête Folklorique et à la foire.

Pour les touristes plus sportifs, pour les campeurs, il y a tous les attraits du Camping Municipal et du Terrain de Sports. On peut aller à la pêche au bord de la rivière, on peut nager dans la piscine municipale, on peut se promener dans le Jardin Public. Là, on peut regarder les jolies fleurs ou se reposer sous les arbres pour écouter un concert de musique militaire.

Pour les femmes qui aiment faire des achats, nos magasins sont grands et modernes. Il n'y a pas de magasin plus moderne que les Galeries d'Ambiers, près de la gare. Pour acheter des vêtements il ne manque pas de bons magasins au centre de la ville.

Qu'est-ce qu'il y a pour les jeunes? A présent ils peuvent aller au cinéma ou faire une promenade en bateau sur la rivière. Ils peuvent se rendre à la

Maison des Jeunes pour y rencontrer leurs amis. Et il y aura bientôt une discothèque.

Il reste beaucoup de choses que nous n'avons pas encore faites, mais nous faisons continuellement des progrès. Les touristes seront contents de nous rendre visite; ils trouveront une ville moderne, une ville où il est tout à fait impossible de s'ennuyer.

POUR RIRE

Un Elève Intelligent

Le professeur voulait savoir si Georges était intelligent. Alors il lui a posé des questions:

— Qu'est-ce qui se passera si je te coupe l'oreille gauche?

— Je n'entendrai pas très bien.

— Et si je te coupe les deux?

— Je ne verrai plus rien.

— Pourquoi pas?

— Parce que ma casquette me tombera sur les yeux!

Comment Economiser de l'Argent

Un homme est rentré un jour et a dit à sa femme:

— Chérie, tu seras très contente de moi. Je suis rentré à pied. J'ai décidé de ne pas prendre l'autobus: j'ai économisé cinquante centimes.

— Alors, la prochaine fois tu devras décider de ne pas prendre un taxi, a-t-elle répondu, tu pourras économiser au moins quatre francs!

LE CURE   *Euh, pardon, monsieur le contrôleur. Pour aller au quai numéro 6?*

LE GENERAL   *Allez tout droit, madame!*

Horace à vélo

Nos Lecteurs nous écrivent

J'ai lu avec beaucoup d'intérêt le reportage récent sur les attraits de notre ville. En effet, c'est une belle ville, mais est-ce que nous faisons assez pour encourager les visites touristiques? Qu'est-ce que nous offrons au touriste? Notre beau château, notre camping municipal, le terrain de sports, voilà tout. Pas de boîtes de nuit, très peu de bons magasins, pas de théâtre, pas de concerts, un seul cinéma. Ce qu'il nous faut, c'est une ville plus moderne, plus dans le vent, moins traditionnelle.

Offrons notre ville aux touristes du monde, mais quand ils arriveront, espérons surtout qu'ils partiront contents de leur visite.

Michel Charron
Hôtel du Pont
Ambiers

L'année scolaire est trop longue. Nous avons trente-six semaines de cours et seize semaines seulement de vacances. On nous dit qu'il n'y a pas assez de professeurs. Moi, j'ai la solution. Je serai très content d'avoir trente-six semaines de vacances et seize semaines de cours. On peut avoir trois fois le nombre d'élèves avec le même nombre de professeurs. Et les professeurs auront toujours quatre semaines de vacances!

Georges Tissat
Classe de quatrième
Collège d'Ambiers

La ville d'Ambiers devient trop moderne. Maintenant on voit partout des maisons neuves, des supermarchés, des grandes routes. Il y a trop de bruit, trop d'autos, trop de jeunes à moto et à scooter, trop de touristes, trop de campeurs! Pourquoi ouvrir un Syndicat d'Initiative? Nous ne voulons pas de touristes. Nous ne voulons pas être «modernisés».

Achetons nos provisions chez l'épicier, notre viande chez le boucher, notre pain à la boulangerie. A bas les supermarchés! A bas tout ce qui est moderne! A bas les autos et les motos! A bas le bruit!

Gabrielle Leroy

Conseils de Catherine

Catherine est une collégienne de seize ans que nous avons interviewée la semaine dernière sur la mode des garçons. Voici ses conseils:

«Si un garçon ne veut pas être dans le vent ou n'a pas assez d'argent, il doit au moins être présentable aux yeux de la fille avec qui il sort. C'est une question de politesse.»

Catherine Leclercq,
16 ans, collégienne

j'aime

les chemises à fleurs en soie
les cravates tricotées
les pulls en laine orange
les vestes en cuir
les pantalons en velours
les garçons qui utilisent l'eau de Cologne
les garçons aux cheveux longs

je déteste

les chemises de nylon rose
les vieux bluejeans sales
les longues chaussettes en coton
les costumes en vinyl
les bottes en caoutchouc
les garçons qui fument la pipe
les garçons qui parlent toujours de leurs vêtements.

MOTS CROISES

Horizontalement
1. Ce que fait une vendeuse (4)
4. Parce que (3)
7. ... clair de la lune (2)
8. On en achète une au marché, peut-être (3)
9. .... homme-là est facteur (3)
11. Au milieu de «tête» (2)
13. Au bout de «tête» (2)
14. Une robe qu'on vient d'acheter est ... (5)
16. Je ... lèverai de bonne heure demain (2)
17. ... viens avec moi, mon ami? (2)
18. Il y a ici beaucoup d'eau (3)
19. Elle est allée ... vacances (2)
21. Certaine (4)
22. Si vous mangez trop de pommes, vous vous ... malade, peut-être (8)

Verticalement
1. On les prend au bord de la mer (8)
2. Où as-tu mis la carte? Je ne l'ai pas ... (3)
3. J'ai ... la laisser chez moi (2)
4. Il se trouve à ... de l'église (4)
5. Air sans «r» (2)
6. Vous ... longtemps en Suisse? (8)
10. ... de suite (4)

11. La saison du soleil (3)
15. Ce qu'il a fait après avoir regardé (2)
16. Elle vous donne à manger et fait le ménage (4)
18. On y met des affiches (3)
20. ... faites pas cela! (2)
21. Je le lui donnerai ... je le vois (2)

DIX QUESTIONS A M. LE MAIRE

Il y a quelques jours notre reporter Yves Mornet est allé interviewer M. le Maire dans son bureau à la Mairie. Voici le texte de l'interview.

MORNET   M. le Maire, les élections auront lieu le mois prochain. Espérez-vous être maire d'Ambiers encore une fois?

M. LE MAIRE   Ah oui, j'ai toujours fait de mon mieux pour la ville et pour ses habitants, et j'espère qu'ils me choisiront encore une fois.

MORNET   Il y a des gens qui disent que la ville d'Ambiers n'est pas très moderne, qu'elle n'est pas dans le vent...

M. LE MAIRE   Ce n'est pas vrai. Il y a encore beaucoup à faire, mais nous avons déjà fait construire une piscine municipale et une bibliothèque. Puis il y a le supermarché, la Salle des Fêtes, la Maison des Jeunes, le terrain de sports...

MORNET   Qu'est-ce qu'il vous reste à faire?

M. LE MAIRE   Nous avons besoin d'une nouvelle route autour de la ville. Il y a à présent trop de circulation dans le centre.

MORNET   Il y a autre chose?

M. LE MAIRE   Oui, notre club de football a grand besoin d'un nouveau demi-centre!

MORNET   Croyez-vous, M. le Maire, qu'il y a trop de touristes qui visitent la ville?

M. LE MAIRE   Certains croient que oui, mais d'autres croient que non. Moi, je ne suis pas sûr.

MORNET   Quels sont vos passetemps, monsieur?

M. LE MAIRE   Quand on est maire d'une commune aussi grande qu'Ambiers et ses environs on n'a pas le temps de s'amuser. Je travaille, je dors, je travaille encore. Voilà tout. Quelquefois je m'endors quand je suis en train de travailler!

MORNET   Que pensez-vous de *La Dépêche*?

M. LE MAIRE   C'est un journal excellent. Le directeur est un de mes plus grands amis, et un de mes électeurs aussi.

MORNET   Que pensez-vous des jeunes d'Ambiers?

M. LE MAIRE   Puisque les élections auront lieu le mois prochain, je crois qu'ils sont tous de braves

Albert Traille, 62 ans
Maire d'Ambiers

gens, car ils sont tous les enfants de mes électeurs.

MORNET   Aimez-vous le jazz moderne?

M. LE MAIRE   Non, je ne l'aime pas du tout, mais bien entendu, j'aime voir les jeunes s'amuser.

MORNET   Que pensez-vous des Papillons?

M. LE MAIRE   Drôle de question! Des papillons? Euh... je ne les aime pas. Ils mangent tous les choux de mon jardin!

Vous et vos amis, vous aimez les disques des Papillons. Mais au magasin de disques il ne reste qu'un seul disque des Papillons. Si vous arrivez le premier, vous pourrez l'acheter. Pour commencer, jetez le six. Suivez toutes les instructions. Si vous jetez le cinq, manquez un tour.

La grand

CHEZ VOUS

Point de départ

2 3 4 5

Vous êtes suivi de votre chien
6
Retournez à la maison et recommencez

7 8 9

On vous prête un vélo
10
Encore un tour

11

Vous avez perdu votre chemin
70
Retournez au 28 pour le retrouver

69 68 67 66

Autobus en panne
65
Jetez le 6 pour recommencer

64 63
62
61
60

71
72
73
74
75

Faites un grand effort
59
Avancez au 69

58
57
56 55

LA BOÎTE à MUSIQUE

vous avez gagné

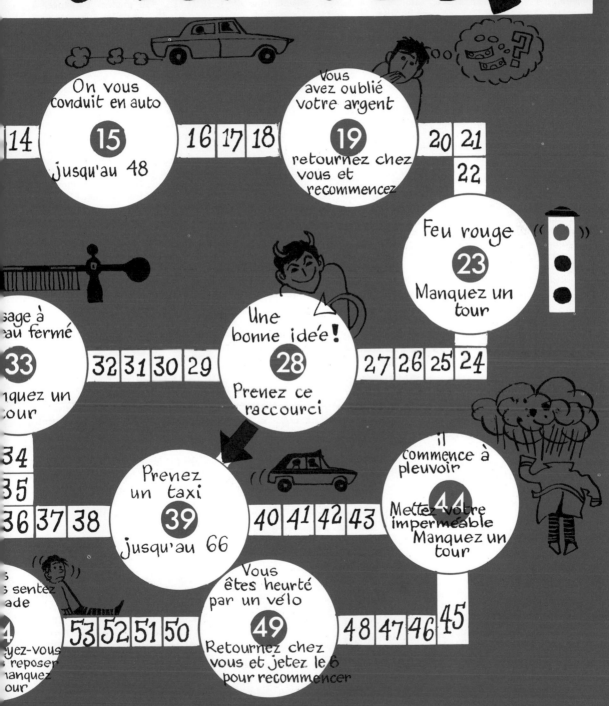

NOS PETITES ANNONCES

CHERCHE, femme de ménage, 30–40 ans, l'après-midi, 4 heures. Téléphoner à Mme Chapalain, Ambiers 37-22.

A VENDRE, Album de 2.000 timbres, souris blanche, vieille raquette de tennis, paire de patins, disques, collection de papillons. Jean-Pierre Le Bec, 1, rue St Denis, Ambiers.

DEMANDE, guitare, neuve ou comme neuve, urgent. S'adresser à Jean-Pierre Le Bec, 1, rue St Denis, Ambiers.

AVIS aux joueurs de rugby de l'équipe d'Ambiers. Entraînement pour tous les joueurs au terrain de sports, jeudi à 19h 45. La présence de tous est indispensable.

TROUVE, lundi dernier, rue St Denis, devant la boulangerie Poupon, une somme d'argent. Mme Poupon a remis l'argent à la Mairie où la personne qui l'a perdu peut venir le chercher.

AVIS aux propriétaires de petits chiens. Si vous n'avez pas le temps de promener votre chien, je le ferai pour vous, à 1F la demi-heure. Jean-Pierre Le Bec, 1, rue St Denis, Ambiers.

CHERCHE, appartement, 2 chambres, salon, salle à manger, cuisine, salle de bain, près du centre, Téléphoner ou écrire, Gorse, Poste des Sapeurs-Pompiers, Ambiers. 21-21.

OFFRONS, à une étudiante, chambre avec cabinet de toilette, salle de bain, en famille, tout compris pour 40F. par semaine. Téléphoner à Bainville 14-84 ou écrire No. 297, *Dépêche d'Ambiers*.

CHERCHE, secrétaire, 25 ans max. anglais, italien, allemand indispensables. Rocher Exports, 7, Av. de la Grande Armée, Tours. Tel. 737-60-51.

A VENDRE, 2CV, moteur en panne, pneus et batterie excellents, au prix ridicule de 250F. Dorin, 11, Av. de l'Arc de Triomphe, Tours.

CHERCHE, moto, scooter ou vélo-moteur pour moins de 250F. Dorin, 11, Av. de l'Arc de Triomphe, Tours.

AVIS aux joueurs de l'équipe de football de Bainville de la saison dernière. Il faut remettre votre maillot au terrain de sport, samedi prochain à 14h, où on en aura besoin pour le premier match de la saison contre Chevron 'B'. (Urgent)

CHERCHE, bon premier boulanger à partir du 15 novembre. Boulangerie Poupon, Ambiers.

A LOUER, bureaux, maisons, maisonnettes, appartements, garages, caravanes, tentes! Vous désirez louer, vendre, acheter? 'Toutalou' vous donnera des conseils. Téléphoner à 'Toutalou', rue de la Gare, Tours. Tel. 213-12-34.

CHÉZ vous ce soir, un poste de télévision (65cm) pour 60F. par mois. Téléphoner à Paul Claudel, Bainville 17-63.

VOLEE, dans la matinée du 21 octobre, à Tours, une Citroën DS, grise, 4912 MK 75. Si vous la voyez, téléphonez à la propriétaire, Mme Floquet (Ambiers 33-34) ou au poste de police (Ambiers 22-22).

POUR vos petites annonces, à 2F. par ligne, téléphonez à *La Dépêche d'Ambiers*, 64-19. Nos bureaux sont ouverts de 8h.30 à 18h.30. Deux secrétaires à votre service.

Le Weekend d'Ambiers

AUJOURD'HUI (vendredi)
Cirque Corchia: le plus grand cirque du monde.
Ce soir à 15h et à 20h 45, au terrain de sports.

Maison des Jeunes, Ambiers
Le Club des Jeunes présente . . .
"LES CLOCHES ONT SONNE"
comédie moderne, écrite par les jeunes eux-mêmes. à 19h.30.
Places 2F.

Disconuit à la discothèque de Bainville. Entrée 1F. Dansing.

THEATRE
Théâtre Montparnasse, rue Gramont, Tours (Tel. 212-13-20)
"LE MALADE IMAGINAIRE," comédie de Molière, présentée par La Comédie de l'Est à 20h.45. Places à partir de 5F.

DEMAIN (samedi)
BALS
Salle des Fêtes
GRANDE SOIREE DANSANTE
AVEC Lili Legrand et son orchestre parisien, de l'O.R.T.F.
Maison des Jeunes
GRAND BAL
AVEC Marc Calvet (vedette des disques) et son accordéon
CINEMA REX
Cette semaine. En soirée à 21h.
«LE JOUR LE PLUS LONG»
Histoire de l'assaut des Alliés sur les côtes de Normandie.
SAMEDI SPORTIF
Courses de chevaux à Saule, l'après-midi à 14h.
Football Ambiers contre Racing de Bourges, Terrain de Sports, 14h.30.
Bainville contre Chevron 'B', Terrain de Sports de Bainville, 14h.30.

DIMANCHE
Concours de pétanque – Un grand concours de pétanque aura lieu, à partir de 9h 30 au camping municipal.
Concours de pêche – Un concours de pêche aura lieu à l'Hôtel du Pont; pour hommes, femmes, et enfants jusqu'à 15 ans.
Visite du Château d'Ambiers – 10h à 12h, et 14h à 19h. Entrée 1F. Son et Lumière 21h. Entrée 2F.
Fête Folklorique – Maison des Jeunes. 20h. Entrée libre.

Exposition de tableaux modernes. Bibliothèque d'Ambiers. Entrée libre.
Concert. Ravel, Debussy, 20h.30 à la Salle des Fêtes. Prix à partir de 5F.

LUNDI – 8h. Ouverture du marché aux pommes de terre.

Que feriez-vous?

Un lundi matin Yves et Danielle sont entrés dans le bureau de M. Lagard, mais il n'était pas là. Alors ils sont allés tous les deux au Café du Château pour attendre son arrivée.

Maintenant ils sont assis à une table du café. Le garçon s'approche et ils décident de prendre un café-crème. Le garçon apporte le café et ils commencent à le boire. Il n'y a pas beaucoup de clients au café. Deux ou trois hommes lisent des journaux que le garçon a laissés sur les tables. Dehors, il pleut.

Yves et Danielle n'ont pas l'air très heureux. La vie de jeune journaliste n'est pas toujours gaie – elle est souvent ennuyeuse.

1. *Un lundi matin au Café du Château*

YVES	Oh, je m'ennuie!
DANIELLE	Moi aussi. Si seulement nous avions quelque chose de plus intéressant à faire!
YVES	Oui, si nous étions les premiers avec une nouvelle sensationnelle, par exemple!
DANIELLE	Nous pourrions téléphoner la nouvelle à Paris, n'est-ce pas?
YVES	Oui, et recevoir beaucoup d'argent.

2.

DANIELLE	Qu'est-ce que tu ferais, si tu gagnais beaucoup d'argent?
YVES	Eh bien, si j'avais beaucoup d'argent, d'abord j'achèterais une belle voiture.
DANIELLE	Chouette! Ça serait merveilleux! Tu aurais enfin ta voiture de sport allemande.
YVES	Et toi, que ferais-tu?
DANIELLE	Moi, j'achèterais un appareil neuf.

3.

YVES	Et après, je passerais de belles vacances en Suisse à faire du ski.
DANIELLE	Moi aussi, j'irais en Suisse – nous irions ensemble, n'est-ce pas?
YVES	D'accord, et nous y passerions un mois.

4.

YVES	Qu'est-ce que tu voudrais faire après cela?
DANIELLE	J'irais à Paris.
YVES	Pour quoi faire?
DANIELLE	J'irais sur les grands boulevards et je choisirais une douzaine de belles robes.
YVES	Ah, les femmes!

5.

DANIELLE	Que pourrions-nous faire pour *La Dépêche*?
YVES	On pourrait acheter des machines plus modernes.
DANIELLE	Ah oui, le patron en serait très content.
YVES	Et les ouvriers auraient moins de travail.

6. *Le garçon s'approche de la table*

GARÇON	Vous voudriez encore un café, monsieur?
YVES	Tu en voudrais, Danielle?
DANIELLE	Merci.
YVES	Mais moi, j'en voudrais un, s'il vous plaît.
M. LAGARD	(*qui vient d'entrer*) Moi aussi, j'en voudrais un.
GARÇON	Deux crèmes alors.

7.

YVES	Bonjour, patron, nous parlions de ce que nous ferions si nous étions les premiers avec une nouvelle importante.
M. LAGARD	Vous pourriez vendre la nouvelle aux journaux à Paris, vous savez.
DANIELLE	Mais, est-ce que nous recevrions vraiment beaucoup d'argent?
M. LAGARD	Ça dépendrait de la nouvelle, bien sûr; mais vous pourriez recevoir jusqu'à cinquante mille francs.
DANIELLE	Mince alors!

8.

M. LAGARD	Eh bien, au travail?
DANIELLE	(*avec enthousiasme*) Ah oui, M. Lagard.
YVES	Bien sûr, patron.
M. LAGARD	Bon; voilà ce que vous allez faire ce matin. D'abord allez à la Place du Marché. Il y a eu un petit accident là; et ensuite allez chercher ma voiture chez M. Vernon. Elle devrait être prête à onze heures.
YVES	Quelles nouvelles sensationnelles!

Questions A

1a. Qui s'ennuie?
 b. Qui voudrait être le premier avec une nouvelle sensationnelle?
 c. Qu'est-ce qu'il ferait pour recevoir beaucoup d'argent?

2a. Que ferait Yves, s'il avait beaucoup d'argent?
 b. Que ferait Danielle?

3a. Où est-ce qu'Yves irait passer ses vacances?
 b. Pour quoi faire?
 c. Qui voudrait y aller aussi?

4a. Où irait Danielle après cela?
 b. Pourquoi?

5a. Qu'est-ce qu'ils achèteraient pour *La Dépêche*?
 b. Qui en serait content?
 c. Qui aurait moins de travail?

6a. Est-ce que Danielle voudrait encore du café?
 b. Et Yves?
 c. Qui entre dans le café?
 d. Que dit-il au garçon?

7a. A qui est-ce qu'ils pourraient vendre la nouvelle?
 b. Combien d'argent recevraient-ils, s'ils étaient les premiers avec une nouvelle importante?

8a. Qu'est-ce qu'ils doivent faire ce matin?
 b. Est-ce qu'ils en sont contents?

Questions B

1. Vous êtes un client difficile. Vous êtes dans un café et chaque fois que le garçon vous propose quelque chose vous répondez «Merci» et dites ce que vous voudriez.

exemple   Vous désirez un café noir, monsieur?
Merci, je voudrais un crème, s'il vous plaît.

Vous désirez un vin blanc, monsieur?

Vous désirez une bière, monsieur?

Vous désirez un sandwich, monsieur?

Vous désirez une limonade, monsieur?

2. Si vous gagniez beaucoup d'argent, que feriez-vous?
Où iriez-vous?
Qu'est-ce que vous achèteriez?
Quels cadeaux achèteriez-vous?
Mettriez-vous de l'argent à la banque?

Exercice 1

exemple Est-ce que le panier est plus grand que la valise?
Non, la valise est plus grande que le panier.

1. Est-ce que le panier est plus grand que la valise?

2. Est-ce que le lycée est plus petit que la maison?

3. Est-ce que Pierre est plus beau que Madeleine?

4. Est-ce que la farine est plus lourde que le thé?

5. Est-ce que les filles sont plus intelligentes que les garçons?

6. Est-ce que les garçons sont plus sages que les filles?

7. Est-ce que les chats sont plus forts que les chiens?

8. Est-ce que le taxi est plus vieux que le camion?

Exercice 2

L'imprimeur a fait une erreur – il a mis la deuxième partie de ces phrases à la mauvaise ligne. Remettez-les en ordre.

1. Si Hélène était plus intelligente   on irait chez l'épicier.

2. Si nous étions des Français   ils ne seraient pas si fatigués.

3. Si on voulait choisir des livres   ils trouveraient leurs cahiers.

4. Si j'avais un bel appareil   nous parlerions bien le français.

5. Si mon frère était plus gentil   elle pourrait faire ses devoirs.

6. Si les élèves cherchaient bien   elle ne ferait pas le ménage pour sa mère.

7. Si on voulait acheter de la farine   on irait à la bibliothèque.

8. Si j'avais plus d'argent   nous arriverions de bonne heure.

9. Si Catherine était paresseuse   il n'aurait pas faim.

10. Si Henri mangeait son petit déjeuner   il finirait mes devoirs.

11. Si les garçons se couchaient plus tôt   je prendrais de belles photos.

12. Si nous partions à cinq heures   je te donnerais un plus beau cadeau.

Le Café du Château est le café préféré de M. Lagard. Il y va presque tous les jours prendre un café, ou bien un verre de vin, une bière ou une liqueur. Comme beaucoup d'autres cafés en France, le Café du Château a des tables rangées sur le trottoir devant le café (on appelle cela la terrasse) et quand il fait beau, en été ou au printemps, M. Lagard aime s'installer à la terrasse pour boire un apéritif ou un jus de fruits avant son dîner.

Dans le café on peut jouer au billard ou même au «baby-foot». Le patron pose des journaux sur les tables pour encourager les gens à entrer dans le café, et pour encourager les jeunes il a installé un juke-box. M. Lagard pourtant y va surtout pour rencontrer ses amis, pour bavarder avec eux. C'est ici qu'il entend la moitié des nouvelles qu'il met dans son journal.

Le Café du Château, c'est un café-tabac, c'est à dire qu'on a le droit d'y vendre des cigarettes, des cigares et des timbres-poste. On y vend aussi des cartes postales et des billets de la Loterie Nationale.

L'enseigne que vous voyez à côté représente un cigare et signifie que le café a le droit de vendre du tabac et des timbres.

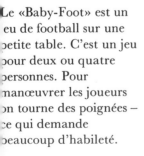

Le «Baby-Foot» est un jeu de football sur une petite table. C'est un jeu pour deux ou quatre personnes. Pour manœuvrer les joueurs on tourne des poignées – ce qui demande beaucoup d'habileté.

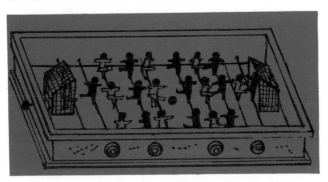

Dans certains cafés en France on trouve des juke-box «visuels». On y met une pièce et le disque tourne, comme d'habitude, mais en même temps on voit un film de l'artiste sur un écran qui se trouve au-dessus du juke-box.

Conversations

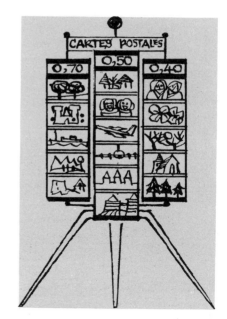

A.

PATRON   Bonjour, jeune homme. Vous désirez?

YVES   Bonjour, monsieur. Vous avez des cartes postales?

PATRON   Oui, il y en a beaucoup là-bas. Servez-vous.

DANIELLE   Bonjour monsieur.

PATRON   Bonjour. Mademoiselle désire?

DANIELLE   Je voudrais dix timbres, s'il vous plaît.

PATRON   Des timbres à trente centimes?

DANIELLE   Non, à soixante centimes.

PATRON   Et... voilà.

DANIELLE   Ça fait combien?

PATRON   Dix timbres à soixante centimes, ça fait six francs.

DANIELLE   Voilà un billet de dix francs.

PATRON   Merci, et voilà quatre francs qui font dix Au revoir, mademoiselle.

DANIELLE   Au revoir, monsieur.

B.   Répétez la conversation en changeant le nombre et la valeur des timbres.

5   × 

C.   Continuez la conversation maintenant que le jeune homme a choisi ses cartes postales.

Exercice 3

Rapportez ce qu'on a dit.

exemple   Estelle a dit: «Je choisirai une belle robe.»
Estelle a dit qu'elle choisirait une belle robe.

1. Charles a dit: «Je travaillerai bien en classe.»
2. Mes parents ont dit: «Nous arriverons à la gare vers dix heures.»
3. Les fillettes ont dit: «Nous ne viendrons pas vendredi.»
4. Colette a dit: «Je n'irai pas à l'école la semaine prochaine.»
5. Mes frères ont dit: «Nous ne finirons pas les devoirs avant le match.»
6. Le professeur a dit: «Je ne serai pas content, si les élèves parlent en anglais.»
7. Maman m'a dit: «Je serai fâchée, si tu ne te couches pas.»
8. Mes amis ont dit: «Si nous pouvons, nous irons à Paris.»
9. M. Lagard nous a dit: «Je vous donnerai plus d'argent, si vous travaillez bien.»
10. Mes parents m'ont dit: «Nous irons au cinéma avec toi, si c'est possible.»

Composition : Le gros lot

Que ferait M. Jazy s'il gagnait le gros lot à la Loterie Nationale?

Modèles

A

s'il faisait beau	il jouerait	au tennis
	ils joueraient	au volleyball
	je jouerais	au football
	tu	à la pétanque
	nous jouerions	au rugby
	vous joueriez	au basketball

B

s'il était riche	il	achèterait	une belle auto
		visiterait	l'Italie
		travaillerait	peu
		se reposerait	toute la journée
si elle était riche	elle	sortirait	tous les soirs
		partirait	en vacances
		dormirait	jusqu'à dix heures
		choisirait	une douzaine de robes
si on était riche	on	vendrait	le vieil appareil
		prendrait	des vacances en Suisse
		boirait	du vin tous les jours

C

je	sais	nager un peu	mais si	je	saurais	bien nager
	viens	vous voir	j'avais		viendrais	plus souvent
	fais	mes devoirs	le temps		ferais	tes devoirs aussi
	suis	en retard			serais	content de rester
	peux	le faire			pourrais	mieux le faire
	vois	Jean chaque semaine			verrais	Jean plus souvent
	vais	en ville en autobus		j'	irais	en ville à pied
j'	ai	un petit jardin			aurais	un grand jardin

D

vous désirez,	monsieur?	je voudrais	un crème	s'il vous plaît
	madame?		des timbres	
	mademoiselle?		un jus de fruits	
	jeune homme?		des cartes postales	
			du beurre	
			du sel	

E

	je reçois	beaucoup de lettres			
	ils reçoivent	des cartes postales tous les jours			
	nous recevons				
hier	j'ai reçu	beaucoup d'argent			
	ils ont	des cadeaux de Noël			
	tu recevrais	deux mille francs	si	tu gagnais	la loterie
	vous recevriez			vous gagniez	

Classes de neige

Une vingtaine d'élèves du collège d'Ambiers sont en classe de neige à Chamonix en Savoie. Tous les ans un groupe d'élèves y va faire du ski.

Le matin ils ont les mêmes classes qu'ils auraient s'ils étaient à Ambiers. L'après-midi ils font du ski, et le soir ils sont libres. Ils dansent, ils écoutent des disques, et surtout ils bavardent. Ils parlent des choses qu'ils ont faites et de ce qu'ils vont faire le lendemain.

Ce soir quatre collégiens, Pierre, Raymond, Monique et Colette, sont assis dans le salon de leur hôtel. Ils se sont installés devant les grandes fenêtres d'où ils peuvent voir les pistes couvertes de neige. Yves et Danielle viennent d'arriver à l'hôtel pour faire un reportage sur les classes de neige pour *La Dépêche*.

6

1. *Dans le salon de l'hôtel*

COLETTE	Quelle vue magnifique !
MONIQUE	Oui, elle est sensationnelle !
COLETTE	Vous savez, j'ai habité cette maison dont on voit le toit là-bas.
PIERRE	Ah, quand ça ?
COLETTE	Oh, il y a cinq ans. Je suis venue ici avec mes parents.

2.

MONIQUE	Regardez ce type-là qui descend la piste.
PIERRE	Il ne skie pas mal, hein ?
RAYMOND	Mais les skis dont il se sert sont trop longs.
MONIQUE	Oh là, là, c'est l'expert qui parle.
RAYMOND	Mais ce sont mes skis dont il se sert !

3. *Yves et Danielle s'approchent*

YVES	Ça ne vous dérange pas, si on vient vous parler ?
PIERRE	Pas du tout.
COLETTE	Vous êtes le reporter dont on nous a parlé ce matin ?
YVES	C'est ça. Je m'appelle Yves et voici Danielle.
DANIELLE	Bonsoir, tout le monde.

4.

YVES	Alors, vous vous amusez bien ?
PIERRE	Oui, très bien.
RAYMOND	Oui, vous savez, le matin à huit heures et demie nous avons des classes...
YVES	Holà, je connais déjà votre emploi du temps ; ce dont j'ai besoin, c'est de vos propres impressions. Par exemple, y a-t-il des professeurs qui savent bien faire du ski ?
MONIQUE	Ah oui, notre prof de chimie est formidable.
COLETTE	Et le prof d'anglais !
RAYMOND	Oh, tu plaisantes ! Il s'est cassé la jambe.
PIERRE	Et notre prof de mathématiques qui nous dit tout le temps qu'il était champion...
MONIQUE	Mais qui ne fait pas de ski...
PIERRE	Et qui passe toute la journée assis dans le salon à lire les journaux.

5. *Un homme entre dans le salon*

RAYMOND	Voici le professeur d'anglais dont je vous parlais tout à l'heure.
DANIELLE	C'est lui qui s'est cassé la jambe ?
RAYMOND	Oui, c'est lui. Il est tombé sur la grande piste hier.
COLETTE	Mais tu parles d'une chose dont tu ne sais rien, Raymond.
RAYMOND	Comment... je n'en sais rien ?
COLETTE	Il n'était pas sur la piste quand il s'est cassé la jambe. Il était dans l'hôtel.
RAYMOND	Que faisait-il alors ?
COLETTE	Il descendait l'escalier.
PIERRE	Sans blague, Colette ?
COLETTE	Je vous le jure. Je l'ai vu.

Questions A

1a. Où est-ce que Colette a habité?
  b. Quand ça?
  c. Avec qui est-elle venue la première fois?

2a. Que fait l'homme qu'on regarde?
  b. Est-ce qu'il sait bien faire du ski?
  c. Comment sont les skis dont il se sert?
  d. A qui sont les skis dont l'homme se sert?
  e. Qui est l'expert?

3a. Qui s'approche des jeunes?
  b. Est-ce que cela dérange les jeunes?

4a. Est-ce que les élèves s'amusent bien?
  b. De quoi Yves a-t-il besoin?
  c. Qu'est-ce que Raymond veut raconter?
  d. Est-ce que le professeur de chimie sait bien faire du ski?
  e. Et le professeur d'anglais?
  f. Quel accident a-t-il eu?
  g. Est-ce que le professeur de mathématiques sait bien faire du ski?
  h. Qu'est-ce qu'il dit?

5a. Quel professeur entre dans le salon?
  b. Qui parle d'une chose dont il ne sait rien?
  c. Que faisait le professeur d'anglais quand il s'est cassé la jambe?
  d. Qui l'a vu?

Questions B

1. Comment vous servez-vous de ces objets?

exemple La craie – Je m'en sers pour écrire sur le tableau noir.

  a. un crayon   f. une paire de skis
  b. une clef   g. un couteau
  c. un briquet   h. une guitare
  d. une brosse à dents   i. un escalier
  e. un cartable   j. un panier

2. Donnez votre emploi du temps pour le vendredi:
Avez-vous des cours d'histoire, de géographie, de sciences naturelles, de physique, de dessin?
A quelles heures sont les cours?

Répondez aux questions avec une seule phrase qui contient toutes les informations données à gauche. Employez dans votre réponse *qui*, *que* ou *qu'*.

exemple Le couteau est grand.   Quel couteau est grand?
Nous cherchons le couteau.   Le couteau que nous cherchons est grand.

1. L'auto est belle.   Quelle auto est belle?
Il va acheter l'auto.

2. Le train était en retard.   Quel train était en retard?
Nous attendions le train.

3. Le film était trop long.   Quel film était trop long?
On a vu le film.

4. Il est allé au café.   Où est-il allé?
Le café est à droite.

5. J'ai entendu le disque.   Quel disque as-tu entendu?
Il est sur l'électrophone.

6. Je vais à la boulangerie.   Où allez-vous?
La boulangerie est tout près.

7. Elle est allée au kiosque.   Où est-elle allée?
Le kiosque est au coin de la rue.

8. Je voudrais l'appareil.   • Quel appareil voudriez-vous?
Il coûte très cher.

9. Il a regardé l'horaire.   Qu'est-ce qu'il a regardé?
L'horaire était au quai No. 12.

10. La femme a pris la photo.   Quelle femme est journaliste?
Elle est journaliste.

11. Le livre était très intéressant.   Quel livre était très intéressant?
Elle a lu le livre.

Exercice 2

Encore une fois l'imprimeur a fait une erreur. Dans ces phrases la partie au centre est à la mauvaise ligne. Remettez les phrases en ordre.

exemple La femme *qui portait deux grands paniers* était fatiguée.

1.	Le pays	dont on voit le toit vert	est sur la carte
2.	Les verres	que les élèves font avec soin	sont sales
3.	Le fermier	dont j'avais besoin pour ouvrir la porte	habite près d'ici
4.	Le film	qui portait deux grand paniers	était intéressant
5.	La maison	dont je connais la femme	est à louer
6.	Le vin	dont le professeur se sert	était délicieux
7.	Les devoirs	qui était sur le buffet	sont difficiles
8.	La craie	que j'ai laissés sur le buffet	est blanche
9.	La femme	dont le professeur de géographie nous a parlé	était fatiguée
10.	La clef	dont j'ai oublié le nom	était perdue

Yves et Danielle ont pris le train pour aller faire leur reportage sur les classes de neige. D'abord ils sont allés au guichet acheter leurs billets. Ils ont pris des billets d'aller et retour de deuxième classe pour Chamonix. Ils ont dû changer de train à Dijon.

Ils ont demandé à un porteur de quelle voie partait le train de Dijon; ensuite ils ont regardé l'horaire pour voir à quelle heure partait le train.

En route ils ont décidé de déjeuner dans le wagon-restaurant, où ils ont très bien mangé.

a SNCF (la Société
Nationale des Chemins
e Fer Français) a un
ystème de chemins de
er très moderne. Ici on
oit *Le Mistral*, train
apide qui fait le trajet
e Paris à Marseille,
istance de plus de 850
m., en sept heures dix
inutes à une vitesse
oyenne de plus de 120
m. à l'heure.

Les trains français ne sont pas seulement très rapides, ils sont aussi très confortables. Dans les trains importants on trouve des wagons-restaurants où la cuisine est excellente, des wagons-restaurants libre-service, où on se sert soi-même, des wagons-lits, et des couchettes (ce sont des compartiments avec des places ordinaires qu'on peut transformer en lits, si on veut. Il y a quatre ou six lits dans chaque compartiment).

Conversations

A. *Au guichet*

YVES	Deux billets pour Chamonix, s'il vous plaît.
EMPLOYE	Des billets simples?
YVES	Non, des billets aller-retour.
EMPLOYE	De première classe ou de deuxième?
YVES	De deuxième classe.
EMPLOYE	Ça fait cent cinquante francs.
YVES	Voilà cent francs, et cinquante qui font cent cinquante.
EMPLOYE	Merci, monsieur. Vous devez changer de train à Dijon.

B. *Sur le quai*

DANIELLE	Pardon. De quelle voie part le train de Dijon?
PORTEUR	Voie numéro quatre, mademoiselle.
DANIELLE	A quelle heure est-ce qu'il part?
PORTEUR	A dix heures dix.
DANIELLE	Et à quelle heure est-ce qu'on arrive à Dijon?
PORTEUR	On y arrive à quatorze heures vingt. Regardez l'horaire là-bas.
DANIELLE	Merci bien.

C. Répétez la conversation (A) et cette fois demandez un billet simple de première classe pour Nice.

D. Répétez la conversation (B) en changeant les réponses du porteur. Regardez l'horaire pour les heures des trains.

Horaire				
Ambiers–Dijon/Lundi à Samedi				
Ambiers dép.	07.30	10.10	13.45	16.05
Dijon arr.	11.40	14.20	17.55	20.15

A. Yves veut envoyer un télégramme à M. Lagard. Voici ce qu'il veut écrire. Mais à vingt-cinq centimes le mot, c'est trop cher. Ecrivez le télégramme pour lui – vous avez seulement trois francs:

Cher Monsieur Lagard,
Nous sommes bien arrivés ici à l'hôtel. Nous avons commencé l'interview des élèves. Nous reviendrons mardi prochain par le train qui arrive à Ambiers à quatre heures et quart de l'après-midi. A bientôt.

Yves et Danielle

B. Voici le télégramme qu'Yves a envoyé à M. Lagard le lendemain. Ecrivez le télégramme en forme de lettre.

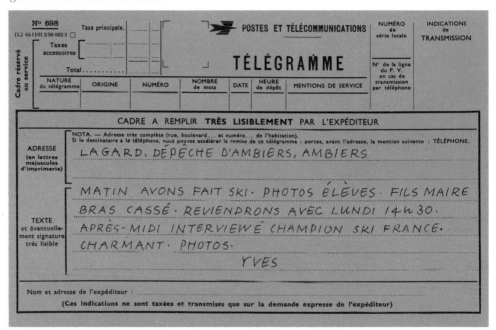

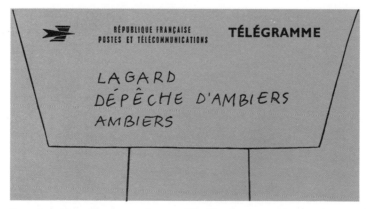

C. Servez-vous des notes pour raconter l'histoire.

Eté dernier – Paris – achats.   Train 9h 30 arrivé 11h 45.   Acheté livre – besoin. Grand magasin – chemise – papa.   Déjeuner italien.   Film allemand – intéressant. Train 18h.   Maison 20h 15.   Fatigué.   Content.

Exercice 3

6

exemple   De quoi est-ce qu'on se sert pour écrire sur le tableau
noir?   On se sert de craie.

1.   De quoi est-ce qu'on se sert pour faire le ménage?

2.   De quoi est-ce qu'on se sert pour nettoyer son vélo?

3.   De quoi est-ce qu'on se sert pour prendre une photo?

4.   De quoi est-ce qu'on se sert pour écouter un disque?

5.   De quoi a-t-on besoin pour faire marcher une auto?

6.   De quoi a-t-on besoin pour voyager dans un train?

7.   De quoi a-t-on besoin pour allumer un feu?

8.   De quoi a-t-on besoin pour faire une omelette?

A

voilà	le couteau la clef les verres	dont	j'ai besoin il avait besoin on parlait tu as parlé ils se servent je me servais

B

j'ai vu	la maison l'école	dont	la porte était	ouverte fermée
			les fenêtres étaient	ouvertes fermées
			le toit est	vert
			les murs sont	blancs

C

voilà	l'homme	que	tu as vu(e) hier, n'est-ce pas?	oui, c'est	l'homme	qui	m'a aidé
	le camion				le camion		était en panne
	la femme				la femme		est venue me voir
	l'auto				l'auto		s'est arrêtée devant la maison

D

vous	vous servez	de	craie?	oui,	je	m'	en	sers	pour écrire
	vous êtes servi		monnaie?					suis servi	pour téléphoner
on	se sert	d'	un torchon?		on	s'		sert	pour nettoyer le vélo
	s'est servi		une clef?					est servi	pour ouvrir la porte
ils	se servent		un couteau?		ils			servent	pour couper le pain
elles	se sont servies	de	cahiers?		elles			sont servies	pour faire leurs devoirs

Salut les Papillons!

Les Papillons en scène à
la Salle des Fêtes

Depuis plus d'un an les Papillons sont le groupe le plus populaire de France. Leur
disques sont souvent le numéro un du «hit parade» français, c'est à dire, la liste de
chansons les plus populaires en France.

En France presque tout le monde connaît les Papillons et les aime; on les voit à la
télévision, quelquefois même au cinéma, et on entend leurs disques très souvent à la
radio.

Nous sommes jeudi, cinq décembre, jour important pour les jeunes d'Ambiers, car
c'est le jour de l'arrivée en ville des Papillons. Ils viennent donner un concert dans la
Salle des Fêtes. Mais avant le concert ils vont donner une conférence de presse.

1. *Aux bureaux de* La Dépêche

M. LAGARD	Que faire? C'est le jour le plus important de la vie de nos jeunes lecteurs. Les Papillons vont arriver en ville et me voilà sans reporters. Albert et Gérard sont tous les deux malades.
YVES	Euh... je suis reporter, monsieur.
DANIELLE	Oui, le plus jeune du journal.
YVES	Et donc le plus apte à faire le reportage. Laissez-moi le faire, monsieur.
M. LAGARD	Je n'ai pas le choix, tant pis!
YVES	Oh, merci monsieur! Ce soir vous aurez un article sensationnel.

. *A la conférence de presse. Sacha, chef des Papillons, a presque fini de parler aux reporters*

SACHA	Enfin, messieurs, c'est avec le plus grand plaisir que je vous invite à notre concert ce soir dans la Salle des Fêtes. Ce sera le plus magnifique de tous nos concerts.
OLIVIER	Oui, et nous allons chanter notre chanson la plus récente.
SACHA	Maintenant je vous invite à nous poser vos questions...

REPORTER	Voulez-vous nous dire, monsieur, pourquoi vous êtes le groupe le plus populaire de France?
OLIVIER	Je ne sais pas, monsieur. Nous avons eu de la chance, peut-être; mais aussi, nous sommes le plus original des groupes français.

YVES	Quel est votre meilleur disque?
OLIVIER	*L'étoile la plus brillante*, je crois. C'est notre dernier disque, mais c'est aussi le plus magnifique de tous.
DANIELLE	Pourquoi le préférez-vous?
OLIVIER	Parce que c'est le meilleur exemple de notre grand talent.

VIEUX REPORTER	Pourquoi portez-vous des vêtements si ridicules?
SACHA	Mais ils ne sont pas ridicules, monsieur. Ce sont les vêtements les plus chics et les plus à la mode du monde.
OLIVIER	Et d'ailleurs, monsieur, ils sont un peu plus dans le vent que les vêtements d'un reporter.

6. *Des jeunes filles entrent*

JEUNES FILLES	Vive les Papillons! Sacha!
EMPLOYE	Hé, la-bas! Allez-vous-en! Ce n'est pas un concert, c'est une conférence de presse! Fichez-moi le camp! Je vais appeler la police!
SACHA	Doucement, mes amies, je vous en prie! Venez ce soir à notre concert – huit heures – Salle des Fêtes. Là, vous pourrez faire tout le bruit que vous voulez.

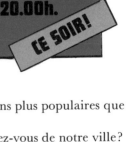

REPORTER	Etes-vous contents de votre visite récente en Angleterre?
OLIVIER	Ah oui; ce qui nous a le plus étonné, c'était que nous y étions plus populaires que les groupes anglais.
YVES	Je suis reporter à *La Dépêche d'Ambiers*, messieurs. Que pensez-vous de notre ville?
SACHA	C'est la ville la plus... euh... intéressante... (*des agents entrent*) mais, qu'est-ce que c'est? Que font ces agents?

AGENT	Voulez-vous nous accompagner, messieurs les Papillons? Il y a une grande foule de jeunes au dehors. Nous allons vous aider à arriver à la Salle des Fêtes.
SACHA	Ah merci, monsieur l'agent. (*A Yves*) Venez nous voir après le concert et nous vous donnerons une interview exclusive.
YVES	Oh, quelle chance! Je pourrai écrire un article sensationnel. Je serai bientôt le reporter le plus célèbre de *La Dépêche*.

Questions A

1a. Pourquoi est-ce un jour important pour les jeunes d'Ambiers?
  b. Pourquoi est-ce que M. Lagard n'est pas content?
  c. Qui est le plus jeune reporter du journal?
  d. Pourquoi est-ce que M. Lagard choisit Yves pour faire le reportage?

2a. Où est-ce que le concert aura lieu?
  b. Comment sera-t-il, ce concert?
  c. Qu'est-ce que les Papillons vont chanter?

3a. Quel est le groupe le plus populaire de France?
  b. Pourquoi?

4a. Quel est le meilleur disque des Papillons?
  b. Comment est-il, ce disque?
  c. Pourquoi est-ce que les Papillons le préfèrent?

5a. Qu'est-ce que le reporter pense des vêtements des Papillons?
  b. Qu'est-ce que les Papillons en pensent?

6a. Pourquoi est-ce qu'on va appeler la police?
  b. Qu'est-ce que les jeunes filles pourront faire au concert?

7a. Quel pays est-ce que les Papillons viennent de visiter?
  b. Est-ce qu'ils y étaient populaires?
  c. Qu'est-ce que Sacha pense de la ville d'Ambiers?

8a. Qu'est-ce que les agents vont faire?
  b. Quand est-ce qu'Yves aura une interview exclusive?
  c. Qu'est-ce qu'il sera bientôt?

Questions B

Imaginez que vous êtes le chef des Papillons...

1. Pourquoi est-ce que votre groupe est le plus populaire de France?
2. Que pensez-vous des autres groupes français?
3. Que pensez-vous de votre disque le plus récent?
4. Quels vêtements aimez-vous porter?
5. Que faites-vous avec l'argent que vous gagnez?

Imaginez que vous êtes une grande personne âgée de quarante ans...

6. Que pensez-vous de la musique moderne?
7. Que pensez-vous de la mode des jeunes d'aujourd'hui?
8. Comment est-ce que vous vous amusiez quand vous étiez jeune?
9. Aimeriez-vous porter des vêtements très à la mode?
10. Que faites-vous avec l'argent que vous gagnez?

Exercice 1

1. Quel est le plus grand?

2. Qui est le plus vieux?

3. Qui est le plus jeune?

4. Quels sont les moins chers?

5. Quelle auto est la plus vieille?

6. Quels vêtements sont les plus chers?

Exercice 2

Complétez les phrases.

1. Les Papillons sont le groupe le plus .... de France.
2. Le hit parade, c'est la liste des chansons les plus ....
3. Paris est la ville la plus .... de la France.
4. *L'étoile la plus brillante* est le .... disque des Papillons.
5. Je suis l'élève le plus .... de la classe.
6. Ces pêches-là sont les plus .... du magasin.
7. Je suis le plus .... enfant de ma famille.
8. Gaston est un des .... joueurs de rugby du pays.
9. Voilà une belle auto; en effet, c'est la plus .... de toutes.
10. C'est Pierre qui travaille le plus .... de la classe.

Exercice 3

Imaginez la fin de ces comparaisons.

1. Mon père est plus grand ....
2. Les bananes sont plus chères ....
3. Les autos roulent plus vite ....
4. Les vélos roulent moins vite ....
5. Les poires sont aussi chères ....
6. Je ne suis pas si grand ....
7. Ma mère est moins ....
8. Je suis aussi ....
9. Les carottes sont plus ....
10. Celles-ci sont meilleures ....

Un coup de téléphone

Une cabine téléphonique

Yves est à Bainville, pas loin d'Ambiers. Il a découvert une nouvelle importante et
veut la téléphoner tout de suite à son patron aux bureaux de *La Dépêche*.
Que faire? A Bainville il n'y a pas de cabine téléphonique. Yves entre dans un café.
D'abord il prend un verre de rosé, puis il demande un jeton au garçon.

En France, sauf dans les grandes villes il y a très peu de cabines publiques. Pour téléphoner il faut aller à la poste, ou dans un café ou dans un grand magasin, ou, si l'on est
à Paris, dans une station de Métro.

Yves prend le jeton et entre dans la cabine. Bon, c'est un téléphone automatique; il peut faire le numéro lui-même, sans le demander à la téléphoniste. Il met le jeton dans la fente et décroche le récepteur. Quand il entend la tonalité il fait le numéro du bureau, 262.64.19 (deux cent soixante-deux, soixante-quatre, dix-neuf). Mais la ligne est occupé. Il doit attendre. Il raccroche le récepteur.

Quelques instants après, il remet le jeton et refait le numéro, 262.64.19. Il entend le signal d'appel, puis une voix qui dit «Allô!» Il appuie sur le bouton «A» et il commence à parler ...

Un jeton ...? C'est une pièce spéciale qu'on met dans l'appareil pour téléphoner dans la ville et ses environs. Dans un café on achète un jeton de taxiphone, à la poste, un jeton de P.T.T. Ce n'est que dans les appareils très modernes qu'on peut mettre des pièces de monnaie.

1 - Introduisez dans la fente ci-dessus un Jeton pour Téléphone Public.

2 - Décrochez le combiné.

3 - Attendez la tonalité, puis formez le numéro d'appel de votre correspondant.

4 - Quand vous entendrez celui-ci, enfoncez le bouton.

5 - En cas de non réponse, de fausse manœuvre ou d'occupation, raccrochez le combiné et le Jeton vous sera rendu.

Si la ligne est occupée, ou s'il n'y a pas de réponse, on n'a qu'à raccrocher le récepteur et le jeton vous est rendu automatiquement.

Ce cadran a des lettres et des chiffres. Les nouveaux appareils ont des chiffres seulement.

Conversations

A.   *Dans la cabine téléphonique*

YVES   Voilà. Je mets un jeton. Et maintenant le numéro... 262 64 19. Bon. Ça sonne.

VOIX   Allô!

YVES   Allô, c'est le bureau de *La Dépêche*?

VOIX   Oui, monsieur. Qui est à l'appareil?

YVES   C'est Yves Mornet. Je voudrais parler au patron.

VOIX   Alors, ne quittez pas. Je vais l'appeler...

M. LAGARD   C'est vous, Yves?

YVES   Oui, monsieur. Je suis à Bainville. J'ai quelque chose d'important à vous dire. On a volé 5.000 francs à M. Laclos.

M. LAGARD   Comment? Un vol? Alors revenez vite. Nous imprimerons votre reportage tout de suite.

YVES   D'accord, monsieur. Je reviens tout de suite. Au revoir... (*Il raccroche le récepteur.*) Bon. Je dois prendre l'autobus. Le prochain part à onze heures vingt. Quelle heure est-il? Je vais le demander à l'horloge parlante...

VOIX   Au quatrième «top» il sera exactement onze heures, quinze minutes, dix secondes... («*top, top, top, top*»)

YVES   Merci, madame... Que je suis idiot! Elle ne m'entend pas! Allons, je n'ai que cinq minutes.

B.   Imaginez ce que dit M. Lagard.

M. LAGARD

YVES   Allô, c'est M. Lagard?

M. LAGARD

YVES   Oh, pardon, monsieur; j'ai oublié d'appuyer sur le bouton «A».

M. LAGARD

YVES   C'est Yves, monsieur.

M. LAGARD

YVES   Je suis à la gendarmerie d'Ambiers. J'ai une nouvelle sensationnelle.

M. LAGARD

YVES   J'allais vous le dire, monsieur. On a arrêté les voleurs des 5.000 francs.

M. LAGARD

YVES   Bien sûr, tout de suite, monsieur. Je serai là dans vingt minutes.

M. LAGARD

YVES   En autobus, monsieur; il y en aura un dans cinq minutes.

M. LAGARD

YVES   D'accord, monsieur; je prendrai un taxi. Au revoir, monsieur.

M. LAGARD

Composition : Accident de la route

A

Jean est le garçon	le	plus	paresseux intelligent	de la classe du pays
Hélène est la fille	la		paresseuse intelligente	
Jean et Henri sont les garçons	les		paresseux intelligents	
Marie et Hélène sont les filles			paresseuses intelligentes	

B

Pierre est	le	plus	petit garçon	de la classe
Hélène est	la		jeune fille	de la famille
Pierre et François sont	les		grands garçons	
Gaby et Suzanne sont			belles filles	

C

c'est un bon vélo?	oui,	c'est	le meilleur	du magasin
c'est une bonne raquette?			la meilleure	
ces chocolats sont bons?		ce sont	les meilleurs	
ces pommes sont bonnes?			les meilleures	

D

toi et ta sœur, vous	lisez travaillez	bien	mais c'est votre frère qui	lit travaille	le mieux	
		vite			le plus	vite
		lentement				lentement

E

ce complet	est	le	plus moins	cher	du magasin
cette tente		la		chère	
ces	gants	sont	les		chers
	oranges				chères

LA DEPECHE D'AMBIERS

ACCIDENT DE CHEMIN DE FER

Samedi soir, à dix heures moins vingt, un train local d'Ambiers a déraillé en passant près du village de Saule. Deux wagons se sont renversés. Heureusement, le train ne roulait pas très vite en ce moment-là. Le conducteur du train a été blessé et on l'a emmené à l'hôpital d'Ambiers.

A l'hôpital on nous a dit qu'il avait la jambe cassée.

Trois passagers dans les deux premiers wagons ont été légèrement blessés aussi, mais ils ont pu quitter l'hôpital au bout d'une heure pour rentrer chez eux.

Heureusement le dernier wagon, où il y avait vingt-sept passagers, est resté sur la voie. Un des passagers nous a expliqué:

«Nous passions près de Saule quand soudain j'ai entendu un très grand craquement et j'ai senti un énorme choc qui m'a jeté par terre. Je me suis levé et j'ai regardé par la fenêtre. Il faisait nuit et je ne voyais pas très clair, mais j'ai vu trois personnes étendues par terre.

«J'ai sauté par la fenêtre; un ouvrier du chemin de fer et moi, nous avons couru jusqu'au conducteur du train. Il avait l'air très pâle. Pendant que l'ouvrier restait avec lui, moi, j'ai couru vers une maison dont je voyais les lumières, pour téléphoner à l'hôpital.

«Deux ou trois autres personnes étaient blessées et on les a toutes emmenées à l'hôpital.»

On ne sait pas encore ce qui a causé l'accident. Mais les passagers ont eu de la chance. A neuf heures et demie, dix minutes plus tôt, le train rapide de Nantes à Paris passe par Saule.

Habitant d'Ambiers a Mystérieusement Disparu

Jeudi à quatre heures du matin, M. Jean Vental, 54 ans, a quitté sa maison en colère contre sa femme. Il a pris son vélomoteur et a disparu dans la nuit.

Comme il n'est pas revenu, on a appelé la police, qui a fait des recherches à Ambiers et dans les environs, mais on ne l'a pas encore trouvé.

M. Vental, petit homme aux cheveux gris, aux yeux marron et aux moustaches grises, était habillé d'une veste bleue, d'un pantalon gris, et d'un imperméable marron. Il portait des chaussures en cuir noir.

La police pense qu'il a peut-être perdu la mémoire. Si vous croyez avoir vu cet homme, téléphonez, s'il vous plaît, au poste de police d'Ambiers, Tél: 22 22.

Journal des Sportifs FOOTBALL

L'arbitre prive Ambiers de victoire

Montaban bat Ambiers

A la fin de ce match un joueur de l'équipe de Montaban a dit «Nous avons eu de la chance». Et même les spectateurs locaux ont hué l'arbitre comme il quittait le terrain.

Pourquoi? Simplement parce que trois fois les joueurs d'Ambiers ont mérité un but et trois fois l'arbitre ne l'a pas donné.

A la vingt-deuxième minute Latron a bien shooté, mais le gardien de Montaban a poussé le ballon contre la barre. Le ballon est tombé derrière la ligne, tout le monde en était certain – sauf un seul, l'arbitre, M. Lecantet. Il n'a pas voulu donner le but.

Juste avant la fin de la première mi-temps il a commencé à pleuvoir très fort et dans la pluie Montaban a marqué un but.

Mi-temps: Montaban 1 – Ambiers 0

A la cinquième minute de la deuxième mi-temps, Ambiers a mérité un penalty; mais l'arbitre ne l'a pas vu, évidemment. Et enfin, à un peu plus d'un quart d'heure de la fin du match, Ambiers a mérité un deuxième penalty – cette fois sans aucun doute, mais l'arbitre, encore une fois a fermé les yeux. Ambiers a donc perdu ce match – le quatrième match perdu de ce mois, mais cette fois-ci ce n'était pas du tout de la faute des joueurs.

Le Dimanche Sportif

Volleyball: à 11h Terrain de Sports.
Basket: à 15h Terrain de Sports – Ambiers contre Bainville.
Cyclisme: Piste de cyclisme – Départ à 14h 30, arrivée vers 19h.
Football: à 16h Ambiers contre Lille B.

PROFESSEUR *Deux et deux – ça fait combien?*
ELEVE *Match nul, monsieur.*

LA DEPECHE GASTRONOMIQUE

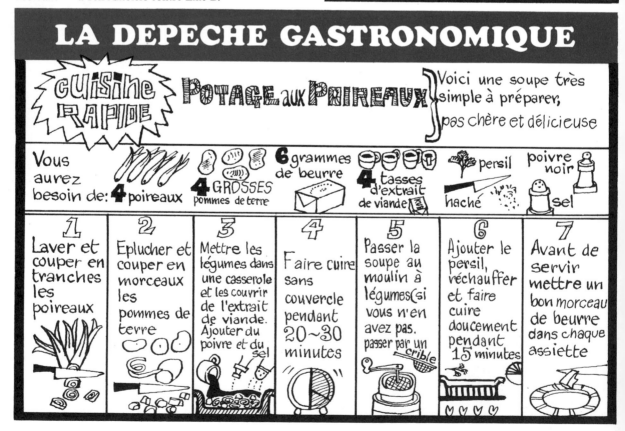

THEATRE

CE SOIR et toute la semaine.

Le Mariage de Figaro

C'est ce soir à 20 heures que la compagnie Henri Cabal présentera *Le Mariage de Figaro* de Beaumarchais.

Beaumarchais est un des plus importants écrivains de la littérature française. Il dessine admirablement ses personnages et l'élégance de son style rend ses comédies très intéressantes.

Le Mariage de Figaro sera présenté tous les soirs cette semaine à 20 heures dans la Salle des Fêtes. Pour ce magnifique spectacle le prix des places est de 5 à 12 francs.

Lacaze Joue au Golf

Roman-feuilleton en 2 épisodes

partie première

PAS DE REPONSE

A neuf heures du matin par un beau jour de printemps, Guy Lacaze, détective à Tourville, se trouvait sur le terrain de golf, un grand sourire aux lèvres et ses clubs à la main. Il adorait ce sport — et ce matin-là il oubliait son métier, il pensait seulement au match qu'il allait jouer.

Ce match était sur le point de commencer quand le garçon du bar est venu vers Lacaze et lui a dit:

— Pardon, Monsieur l'Inspecteur, on vous demande au téléphone.

Guy Lacaze n'a pas répondu. Il a simplement levé les yeux vers le ciel, remis son club dans son sac et suivi le garçon au téléphone.

— Allô, Lacaze à l'appareil, a-t-il dit.

— Rue Vincent Adam, 27; un homme est mort — C'était une voix de femme.

— Qui êtes-vous? – a demandé Lacaze. Pas de réponse. – Allô, allô... Mais la femme n'était plus là.

Il a tout de suite téléphoné au poste de police et a demandé à son assistant Belhomme d'aller le rejoindre 27, rue Vincent Adam.

Il était évident qu'il ne jouerait pas au golf ce jour-là, alors il est monté dans sa voiture et est parti à toute vitesse pour la rue Vincent Adam.

Son assistant y est arrivé en même temps que lui, et ils se sont approchés tous deux de la porte d'entrée du numéro 27.

Belhomme a sonné. Pas de réponse. Il a frappé. Pas de réponse. Il a poussé la porte – elle s'est ouverte avec un grincement sinistre.

Sans hésiter Lacaze est entré, suivi de son assistant. Dans la maison tout était tranquille. Ils sont entrés dans le salon – personne n'était là. Ils ont regardé dans la salle à manger – personne. Ils sont montés dans les chambres, dans la salle de bain – toujours personne – ils sont redescendus à la cuisine – personne, mais par terre, à côté de la table, il y avait un couteau à pain, couvert de sang.

— N'y touchez pas! – surtout n'y touchez pas!

A suivre

Horace va à la pêche

Nos Lecteurs nous écrivent

Circulation à Ambiers

La circulation à Ambiers, surtout au centre, est devenue insupportable.

Je me rappelle le temps (il y a d'ici seulement dix ou quinze ans au maximum) où on pouvait s'asseoir place du Château à la terrasse d'un café, et prendre un jus de fruits en paix et tranquillité, sans le bruit, la fumée et les odeurs d'autos, de camions et de scooters.

Hélas, ces jours ne sont plus. Aujourd'hui on est obligé d'attendre quelquefois plusieurs minutes avant de traverser la rue. Et le danger pour nos enfants est affreux. Chaque année le nombre d'enfants blessés dans les rues d'Ambiers grandit.

Il faut fermer la place du Château à toute circulation, ou bien faire construire une nouvelle route autour de la ville – et ainsi les grands camions n'entreront pas en ville.

Janine Almond
Ambiers

Le Cricket en France

L'article de votre correspondant Henri Poujon dans votre récent numéro m'a beaucoup amusé, mais il m'a bien troublé aussi. M. Poujon propose d'introduire le jeu de «cricket» en France.

Ce qui me trouble, c'est qu'en jouant au cricket on risque de devenir comme les Anglais. Eux, ils ont un caractère froid et réservé; nous autres Français sommes passionnés et aimables. Ils sont contents de passer trois jours ou même cinq pour finir match nul – nous préférons des sports plus passionnants.

Surtout, restons français!

A. Pasqualini
Belleville

NOS PETITES ANNONCES

DEMANDES D'EMPLOI

PROFESSEUR donne leçons d'anglais, espagnol, classe 3e à 6e. Tél 23 51.

JEUNE HOMME cherche place garçon de cuisine, libre de suite. Roland, 3, Rue Descartes, Ambiers.

SECRETAIRE, 27 ans, parle allemand, italien, cherche travail intéressant, libre après-midi. Tél 21 27.

EMPLOIS OFFERTS

HOTEL DU PONT demande concierge de nuit, parlant anglais; aussi femme de chambre, matin.

URGENT, vendeuse pour robes, minimum 18 ans. Tél 52 72.

CHERCHE ouvrier boulanger, de travail nuit, repas. Boulangerie du Centre, Vercy.

A. HIRSCH (Au Louis d'Or) achète au meilleur prix monnaies, or et argent, antiquités de Chine, montres, bijoux. 13, Place de la Gare, Ambiers.

POSTES POUR AUTO, 28F par mois. Avant d'acheter venez voir, venez écouter, chez Lebreton, 69, Grand-Rue, Ambiers.

APPARTEMENT centre ville, neuf, rez-de-chaussée, 3 pièces, vraie cuisine, salle de bain, terrasse couverte, jardin 500 ms, garage. 40.000F. Agence Rémy, Place du Château, Ambiers.

VILLA, salon 30ms, salle à manger 18ms, cuisine, 3 chambres (25ms, 20ms, 15ms) jardin 1.500ms, garage, dans un village à 10 km. d'Ambiers. 80.000F. Agence Rémy, Place du Château, Ambiers.

PROFESSEUR de lycée, dans un grand besoin, donne cours de français, anglais, italien, allemand. Tous les soirs de 19 jusqu'à 22 heures. Téléphoner à Bainville 14-84, ou écrire No. 297, *Dépêche d'Ambiers*.

PERDU, à Tours, lundi dernier à 13h.30, petit chien blanc et noir, répond au nom de 'Guido' et ne comprend que l'italien. 100F. à la personne qui le trouve. M. Joli, **47**, rue de l'Eglise, Bainville. Tel. 29-29.

SERVICES

Médecin: Docteur Boivin. tel: 27 70.
Pharmacie: M. Cottard. tel: 44 55.
Pompiers: tel: 21 21.
Garage: M. Vernon. tel: 24 55.

HOROSCOPE

CAPRICORNE
*23 décembre au
20 janvier*

Ne perdez pas votre
temps. Vous aurez
plusieurs occasions de
profiter de votre travail.

VERSEAU
*21 janvier au
19 février*

Vous pouvez réussir
pendant les deux pre-
miers jours de la semaine.

POISSONS
20 février au 20 mars

La chance vous sourit. Si
vous êtes seul et non
marié, vous aurez une
aventure romantique.

BELIER
21 mars au 20 avril

Cette semaine vous
verrez quelqu'un à qui il
sera nécessaire de faire
une bonne impression.

TAUREAU
21 avril au 21 mai

Vous rencontrerez un
ami dont vous avez
oublié le nom. Vous
serez content de le
revoir.

GEMEAUX
22 mai au 22 juin

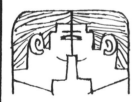

Vous pourriez rencon-
trer quelqu'un de très
intéressant cette semaine.
Il pourrait devenir votre
ami.

CANCER
23 juin au 23 juillet

Vous recevrez des nou-
velles d'un ami que vous
ne voyez plus depuis
longtemps.

LION
24 juillet au 23 août

Vers le milieu de la
semaine vous trouverez
la réponse à la plupart
de vos questions.

VIERGE
*24 août au
23 septembre*

Vous aurez un problème
difficile chez vous cette
semaine. Patience!

BALANCE
*24 septembre au
23 octobre*

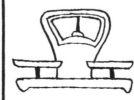

Bonne semaine pour des
idées nouvelles – vous
recevrez quelque chose
dont vous avez besoin.

SCORPION
*24 octobre au
22 novembre*

N'hésitez pas trop long-
temps. Vous n'aurez plus
de difficultés après mardi.

SAGITTAIRE
*23 novembre au
22 décembre*

Vous recevrez de bonnes
nouvelles cette semaine –
et vous pourriez recevoir
de l'argent.

La police d'Ambiers ne sait que faire. Chaque nuit depuis une semaine il y a un vol. La première nuit cela a été le café, la deuxième l'épicerie, puis la confiserie, la boulangerie, la boucherie et le supermarché. Chaque fois les voleurs n'ont pris que de l'argent. C'était déjà assez sérieux. Mais hier soir ils ont choisi la pharmacie, et cette fois-ci ils ont pris non seulement de l'argent, mais aussi des médicaments.

Jusqu'ici les recherches de la police n'ont pas eu de succès, mais hier soir un jeune reporter qui rentrait tard de son travail a vu deux hommes qui sortaient de la pharmacie vers minuit. Et ce matin ce jeune homme est au poste de police. Son nom? Yves Mornet.

1. *Au poste de police*

INSPECTEUR	Alors, vous les avez vus, ces hommes?
YVES	Oui, je les ai bien vus.
INSPECTEUR	Bon, regardez ces photos, s'il vous plaît, et dites-moi si vous les reconnaissez.
YVES	Non, pas celui-ci, non, non, non, pas ceux-ci... Voilà! celui-ci!
INSPECTEUR	Lequel?
YVES	Celui qui est à gauche, je suis sûr que c'est lui qui conduisait la voiture.
INSPECTEUR	Mais c'est Bossuet, c'est drôle, ça. D'habitude il travaille tout seul. Mais continuez à chercher!

2.

YVES	Les photos ne sont pas très nettes. Celle-ci, par exemple.
INSPECTEUR	Laquelle? D'accord, mais celle de Bossuet n'est pas mauvaise.
YVES	Non, celle-là est bonne, mais les autres sont affreuses.
INSPECTEUR	Oui, je le sais, mais faites ce que vous pouvez.

3. *Un quart d'heure plus tard*

YVES   ...Non, non, pas ceux-ci – ah, attendez! Celui-là, je crois.

INSPECTEUR   Ah oui, celui-là s'appelle Bertrand.

YVES   Mais celui que j'ai vu n'avait pas tant de cheveux.

INSPECTEUR   Un moment... oui, on a pris cette photo il y a cinq ans.

YVES   Alors, c'est bien lui. J'en suis sûr.

4. *Plus tard, dans la rue, devant le poste de police*

DANIELLE   Alors on a arrêté quelqu'un?

YVES   Oui, ceux dont je t'ai parlé tout à l'heure. Ils sont au poste en ce moment.

DANIELLE   Ils sont d'Ambiers?

YVES   Non, ils habitent un village.

DANIELLE   Lequel?

YVES   Je ne sais pas. Mais il n'est pas loin d'Ambiers, paraît-il.

DANIELLE   Mais dis donc, est-ce que tu vas envoyer un article à Paris?

YVES   Je l'ai déjà fait. J'ai téléphoné tout de suite.

DANIELLE   Enfin tu as ta nouvelle sensationnelle – tu seras célèbre.

YVES   Pas du tout. Ils ont refusé la nouvelle.

5.

DANIELLE   Ah, regarde! On sort.

YVES   Ah oui, voilà les deux hommes dont je t'ai parlé.

DANIELLE   Lesquels? Ceux qui sont à gauche?

YVES   Non, ceux qui sont au milieu. Et celui qui est à droite, c'est l'inspecteur. C'est lui qui m'a montré les photos.

DANIELLE   Oui, je le connais. Comment s'appellent-ils, les deux voleurs?

YVES   Celui qui est à côté de l'inspecteur, c'est Bossuet – et l'autre, c'est Bertrand.

DANIELLE   Ah oui, il a l'air vilain, celui-là.

YVES   Lequel?

DANIELLE   Celui qui va devant maintenant.

YVES   Oh, tu plaisantes, Danielle.

DANIELLE   Mais non, pourquoi?

YVES   Celui-là, c'est Jean Blancart. C'est un agent de police!

6.

Voici une partie de
l'article qu'Yves a écrit
pour *La Dépêche*

Voleurs arrêtés grâce à l'action d'Yves Mornet, reporter à "La Dépêche"

Jeudi soir vers minuit votre correspondant, Yves Mornet, rentrait tard de son travail, quand il a vu deux hommes qui sortaient de la Pharmacie du Centre.

Le lendemain il a pu reconnaître les deux hommes sur les photos que lui a montrées la police d'Ambiers.

Plus tard on a arrêté les deux hommes.

1a. Qui a vu les hommes?
  b. Qu'est-ce qu'il doit regarder?
  c. Lequel est Bossuet?
  d. Pourquoi l'inspecteur est-il surpris?

2a. Qu'est-ce qui n'est pas net?
  b. Quelle photo n'est pas mauvaise?
  c. Comment sont les autres photos?

3a. Quelle différence y a-t-il entre l'homme sur la photo et l'homme qu'Yves a vu?
  b. Quand est-ce qu'on a pris la photo de Bertrand?

4a. Qui a-t-on arrêté?
  b. Où sont-ils en ce moment?
  c. D'où sont-ils?
  d. Yves va envoyer son article à Paris?
  e. Pourquoi ne sera-t-il pas célèbre?

5a. Qui sort du poste de police?
  b. Lequel des hommes est-ce que Danielle connaît?
  c. Lequel a l'air vilain?
  d. Pourquoi est-ce qu'Yves pense que Danielle plaisante?

Questions B

1. Vous êtes un client difficile. Chaque fois que le marchand vous offre quelque chose vous répondez que vous voudriez autre chose.

exemple Vous voudriez ces pommes-ci?
Non, je voudrais celles-là.

Vous voudriez ces tomates-ci?
Vous voudriez ce fromage-ci?
Vous voudriez ces chocolats-ci?
Vous voudriez cette farine-ci?

Vous voudriez ces pommes qui sont à droite?
Vous voudriez ces œufs qui sont à gauche?
Vous voudriez ce vin qui est sous le comptoir?
Vous voudriez cette huile qui est devant le comptoir?

2. Si vous voyiez un vol, que feriez-vous?
Servez-vous de ces expressions:

Le poste de police; le téléphone; la cabine téléphonique; se battre avec le voleur; prendre le numéro de la voiture; reconnaître le voleur; aider celui qui est blessé; se partir à toute vitesse; regarder de l'autre côté.

Exercice 1

Répondez aux questions comme dans l'exemple :

exemple   Lequel est le plus grand ?
Celui qui est à droite est le plus grand.

1. Lequel est le plus petit ?

2. Lequel est le plus grand ?

3. Laquelle est la plus grande ?

4. Laquelle est la plus petite ?

5. Lesquelles sont les plus petites ?

6. Lesquelles sont les plus grandes ?

7. Lesquels sont les plus longs ?

8. Lesquels sont les plus courts ?

Exercice 2

Vous êtes un témoin pour la police. On vous montre les photos de beaucoup de voleurs, mais vous ne voyez pas les photos de ceux que vous avez vus.

exemple

C'est l'homme que vous avez vu ?
Non, celui que j'ai vu était petit.

1. C'est l'homme que vous avez vu ?

2. C'est la femme que vous avez vue ?

3. Ce sont les hommes que vous avez vus ?

4. Ce sont les femmes que vous avez vues ?

5. C'est l'homme qui était à la pharmacie ?

6. Ce sont les hommes qui étaient dans l'auto ?

7. C'est l'homme dont vous m'avez parlé ?

8. C'est la femme dont vous m'avez parlé ?

9. Ce sont les hommes dont vous m'avez parlé ?

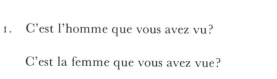
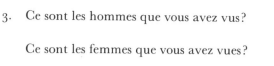

C'est aujourd'hui l'anniversaire de Mme. Boileau. Pour célébrer cet événement la famille Boileau et Yves vont dîner dans un restaurant.

Avant de choisir un restaurant les Boileau font un petit tour pour regarder les menus, qui sont affichés à l'extérieur. Ils choisissent un restaurant qui s'appélle Chez Lucien, où il y a un grand choix de plats et de vins.

A Paris et dans les grandes villes on trouve des restaurants libre-service. Ce sont des restaurants où il n'y a pas de garçons et où l'on prend son plateau, choisit son repas, et se sert soi-même. Mais d'habitude on mange beaucoup mieux si on trouve un petit restaurant où le patron fait la cuisine tandis que sa femme sert à table. Souvent le décor dans ces petits restaurants n'est pas très gai, mais on en trouve où les prix sont incroyables et où la cuisine est excellente.

On trouve quelquefois un casier où les clients qui viennent tous les jours mettent leur serviette. Sur les tables on met une nappe en papier qu'on change après chaque client, et où l'on fait l'addition.

Chez Lucien

Fermé le lundi
Tel: 69 96

25 rue de Seurcy

Couvert compris
Pain à discrétion
Service 15% en sus

MENU

HORS D'OEUVRE

Radis au beurre	1,50		
Charcuterie	2,25	Melon	2,50
Salade de tomates	1,50	Salade niçoise	3,00
Hors d'oeuvre variés	2,50	Coquille St Jacques	4,00
Omelette (au choix)	3,00	Pâté Maison	2,50
Soupe à l'oignon	2,25	Langouste	5,00
Oeuf à la mayonnaise	2,25	Escargots de Bourgogne	3,50

PLATS DU JOUR

Sole meunière	6,00	Gigot d'agneau	3,50
Truite au bleu	6,00	Côte de porc	4,50
Poulet rôti	5,50	Rognons sauce madère	5,00
Coq au vin	6,50	Entrecôte grillée	6,00
Escalope de veau	4,50	Tournedos grillé	6,00

LEGUMES

Petits pois	1,75	Haricots verts	1,75
Pommes à l'anglaise	1,50	Epinards	2,60
Pommes frites	1,50	Poireaux au gratin	2,00
Chou-fleur	1,25	Asperges Mornay	2,50
Salades: Laitue 1,00	Chicorée 1,50	Cresson 1,50	

FROMAGES

Pont l'Evêque, Port Salut, Brie, Camembert, Gruyère	1,50
Demi-sel, Petit-Suisse, Yaourt	1,00
Chèvre, Boursin	1,75

DESSERTS

Fruits (au choix)	1,00	Salade de fruits	2,25
Fraises à la crème	2,50	Ananas au kirsch	3,50
Pêche Melba	2,50	Crêpes Suzette	4,00
Glace (parfum au choix)	1,00	Tarte aux fruits	3,00
Café crème	1,50	Café filtre	1,50

A.   *M. et Mme Boileau, Georges, leur fils et Yves sont dans un grand restaurant.*

M. BOILEAU	Une table pour quatre, s'il vous plaît.
GARÇON	Par ici, messieurs-dames. Voilà le menu.
GEORGES	Mmm… J'ai très faim, moi.
GARÇON	Alors, qu'avez-vous choisi?
M. BOILEAU	Qu'est-ce que tu prends, ma chère?
MME BOILEAU	Un pâté maison, et ensuite un coq au vin avec des pommes à l'anglaise.
M. BOILEAU	Moi, je prends la même chose, et vous, Yves?
YVES	Je prends un hors d'œuvre variés et puis une escalope de veau aux épinards.
GEORGES	Moi, je prends la même chose qu'Yves.
GARÇON	Merci, messieurs-dames – et comme boisson?
YVES	Vous permettez que je vous offre une bouteille?
M. BOILEAU	Avec plaisir.
YVES	Une bouteille de rosé d'Anjou, alors.
GARÇON	Merci, monsieur.

B.   Regardez le menu. Vous ne voulez pas de viande. Choisissez un autre repas.

C.   Vous n'avez que 20 francs. Choisissez un repas pour deux personnes. N'oubliez pas le pourboire.

D.   Commandez un repas. Voici l'addition qu'on vous donnera plus tard, mais on n'a pas fini de mettre les prix. Combien devez-vous payer?

Chez Lucien

le 4 mars   2 couverts

2	Melons	
1	Poulet rôti	
1	Côte de porc	
2	Frites	
2	Salades	
2	Brie	
2	Tartes à l'orange	
2	Cafés	
½	Beaujolais	3.00
2	Cognacs	7.00

Service 15%

Total

Composition : Le pari

Ecoutez l'histoire que le professeur va vous lire; puis répondez aux questions suivantes :

1. Où est-ce que M. Benoit s'est installé?
2. Qu'est-ce qu'il a commandé?
3. Qu'est-ce qu'il a commencé à faire?
4. L'autre homme, qu'a-t-il demandé à M. Benoit?
5. Qu'est-ce qu'il a commandé?
6. Où est-ce que M. Benoit a posé son journal?
7. Qu'a-t-il dit au sujet des vols?
8. Qu'a-t-il dit de la police?
9. L'autre homme, était-il d'accord?
10. Quel était son avis?
11. Qu'est-ce que M. Benoit a parié?
12. Qu'est-ce que l'autre homme a répondu?
13. A-t-il accepté le pari?
14. Combien d'argent ont-ils parié?
15. Qu'est-ce que M. Benoit a fait?
16. Il a payé l'addition?
17. L'autre monsieur, qu'a-t-il fait?
18. Où est-ce qu'il a rattrapé M. Benoit?
19. Qui avait raison, à l'avis de M. Benoit?
20. Qu'a-t-il demandé à l'autre?
21. Est-ce que l'autre homme a payé les dix francs?
22. Qui était-il?
23. Qui a-t-il voulu arrêter?
24. Qui était M. Benoit?
25. Qui a gagné le pari?

Trouvez les mots

1. légume ou fruit
2. mot qui finit en T
3. à la campagne
4. au cirque ou au zoo
5. dans la rue
6. au marché
7. mot qui finit en R
8. nom de garçon
9. mot de 4 lettres
10. à l'école
11. au bord de la mer
12. nom de fille
13. partie du corps
14. vêtement
15. mot de 5 lettres
16. ville française
17. un sport ou jeu
18. à la maison
19. à la ferme
20. à la gare
21. dans le jardin
22. métier
23. chez l'épicier
24. vin ou fromage français
25. à manger ou à boire

Votre professeur vous donnera une lettre (P par exemple).
Vous aurez cinq minutes pour écrire un mot pour chaque mot dans la liste.
1) pomme   2) paquet   3) poulet, etc.
Si vous ne trouvez pas de mot tout de suite, ne perdez pas trop de temps – passez au numéro suivant.

A	lequel des	disques / bonbons	préférez-vous?	je préfère	celui	-ci / -là
	laquelle des	photos / autos			celle	
	lesquels des	livres / gâteaux	voudriez-vous?	je voudrais	ceux	
	lesquelles des	cravates / chaussures			celles	

B	lequel des	livres / cahiers	prenez-vous?	je prends	celui	qui est à gauche / que vous avez à la main / dont vous n'avez pas besoin
	laquelle des	chemises / robes			celle	qui est dans la chambre / que vous ne voulez pas / dont vous m'avez parlé
	lesquels des	bas / disques	préférez-vous?	je préfère	ceux	qui sont à la mode / que vous avez choisis
	lesquelles des	chaussettes / chaussures			celles	qui sont à la mode / que vous portez

C	j'aime	le vélo / le chapeau	de Monique / de ce jeune homme / de Robert	moi, je préfère	celui	de Madeleine / de la jeune fille / de Georges / du professeur / des Boileau / de ma sœur
		les disques / les gants			ceux	
		la voiture / la maison			celle	
		les photos / les chaussures			celles	

Une dispute

A Ambiers, comme dans presque toutes les villes la circulation est un grand problème. Partout il y a trop de voitures, trop de motos, trop de camions. Il y a tant d'autos qu'il est presque impossible de circuler, surtout les jours de marché.

Où stationner? Voilà le deuxième problème. Partout où il y a de la place on stationne. S'il n'y a pas de place, on s'arrête quand même, et les autres voitures ne peuvent plus circuler. On donne des coups de klaxon, on crie, on se fâche, mais en vain. Il y a toujours des embouteillages, et même des accidents.

M. Colomb, propriétaire du supermarché, a proposé une solution au problème. Il veut faire construire un grand parking au centre de la ville, à côté du poste de sapeurs-pompiers et en face du cinéma Rex. Il aimerait aussi faire construire sur le parking une station-service, mais M. Vernon, propriétaire du garage, n'aime pas du tout ce projet. «Il y a déjà un garage près du centre de la ville et c'est assez», dit-il. Il est allé voir M. Colomb au supermarché.

I.

M. VERNON   Alors M. Colomb, on me dit que vous voulez faire construire un parking au centre de la ville.

M. COLOMB   Oui, c'est ça, et aussi une station-service.

M. VERNON   Ah, ça alors; vous allez me prendre la plupart de mes clients. A qui est-ce que je vendrai mon essence si tout le monde vient stationner au centre de la ville?

2.

Naturellement M. Vernon s'oppose au projet de M. Colomb. Il s'est rendu tout de suite aux bureaux de *La Dépêche*. Là, il est allé voir M. Lagard et il l'a invité à déjeuner à une heure au Café du Château. Il espérait que M. Lagard imprimerait pour lui 500 copies d'une lettre dans laquelle il allait attaquer le projet du parking.

3. *Au Café du Château*

M. LAGARD Un excellent déjeuner. Je vous en remercie; vous êtes bien aimable, mon vieux.

M. VERNON Il n'y a pas de quoi, mon ami. Alors, que pensez-vous de ce projet du parking? Je n'en suis pas très content, moi.

M. LAGARD Moi non plus. Il y a déjà trop d'autos qui viennent au centre de la ville. Non, je n'aime pas du tout ce projet. M. le Maire, avec qui j'ai parlé ce matin, ne s'est pas encore décidé.

4. *Plus tard*

M. VERNON Alors, vous imprimerez la lettre dont j'ai parlé?

M. LAGARD Oui, bien sûr, et nous aurons une réunion à laquelle nous inviterons tous les habitants d'Ambiers.

M. VERNON Et vous imprimerez aussi ces affiches pour moi, n'est-ce pas? Je les mettrai sur tous les murs au centre de la ville.

M. LAGARD Entendu. La bataille commence...

A BAS
LE NOUVEAU PARKING!
AMBIERS
N'A PAS BESOIN
D'UNE AUTRE
STATION-SERVICE

5. *Deux jours plus tard*

M. LAGARD Yves, portez ces affiches chez M. Vernon. Donnez-les-lui et dites-lui de faire attention. L'homme avec qui il se dispute a beaucoup d'amis dans la ville. Danielle, suivez M. Vernon quand il sortira avec les affiches. Prenez des photos quand il les mettra sur les murs au centre de la ville. Ça devrait être très intéressant. Vous savez qu'il y a une réunion ce soir à laquelle on a invité tous les habitants de la ville. Alors, allez à cette réunion et prenez encore des photos. Nous les imprimerons toutes demain...

6.

La Bataille d'Ambiers

Il y a eu hier soir, à la Mairie, une réunion des habitants d'Ambiers pendant laquelle on a discuté le projet du parking proposé par M. Colomb. C'était une réunion très bruyante, au cours de laquelle on n'a rien décidé. Au début, des jeunes ont lancé des tomates dont quelques-unes ont frappé M. le Maire, le président de la réunion. On lui a prêté un grand mouchoir avec lequel il s'est essuyé la figure. M. le Maire était alors si fâché qu'il a terminé la réunion sur-le-champ!

7. *Le lendemain de la réunion M. Colomb s'est rendu au garage de M. Vernon*

M. COLOMB Ah, vous voilà, M. Vernon. C'est vous, n'est-ce pas, qui avez mis cette affiche sur la vitrine de mon supermarché?

M. VERNON Moi, monsieur? Je n'en sais rien.

M. COLOMB Non? Alors, regardez la deuxième page de *La Dépêche*. Vous voyez ces deux photos? Vous vous reconnaissez, hein? Mais qu'importe, je viens vous dire que j'ai toujours l'intention de faire construire mon parking.

M. VERNON Et moi, monsieur, je dois vous dire que ça sera impossible. M. le chef des sapeurs-pompiers vient de me téléphoner. Il m'a dit qu'on va lui donner deux voitures neuves, pour lesquelles on aura besoin d'un poste plus grand. On va le construire sur le terrain où vous vouliez faire construire votre parking!

Questions A

1a. Qu'est-ce que M. Colomb veut faire construire?
  b. Où sera-t-il, ce parking?
  c. Pourquoi est-ce qu'on viendra au parking?

2a. Qui s'oppose au projet de M. Colomb?
  b. Qui est-ce qu'il a invité à déjeuner?
  c. Qu'est-ce que M. Vernon allait attaquer dans sa lettre?

3a. Qui a payé le déjeuner?
  b. Qu'est-ce que M. Lagard pense du projet?
  c. Qu'est-ce que M. le Maire en pense?

4a. Qui sera invité à la réunion?
  b. Qu'est-ce que M. Lagard va imprimer?
  c. Où est-ce que M. Vernon mettra les affiches?

5a. Pourquoi est-ce que M. Vernon doit faire attention?
  b. Quand est-ce que Danielle doit prendre des photos?
  c. Où est-ce qu'elle doit aller le soir?

6a. Qu'est-ce qu'on a discuté à la réunion?
  b. Qu'est-ce que les jeunes y ont fait?
  c. Qu'est-ce qu'on a prêté à M. le Maire?

7a. Où est-ce qu'on a mis une affiche?
  b. Qu'est-ce que M. Vernon doit regarder?
  c. Qui vient de téléphoner à M. Vernon?
  d. Pourquoi est-ce qu'il aura besoin d'un poste plus grand?
  e. Où est-ce qu'on va construire le poste?

Questions B

Imaginez que vous êtes M. Vernon.

1. Pourquoi n'aimez-vous pas le projet du parking?
2. Pourquoi inviter M. Lagard à déjeuner?
3. Qu'est-ce que vous allez faire des affiches?
4. Pourquoi avoir une réunion des habitants de la ville?
5. Etiez-vous content de voir les photos dans *La Dépêche*? Pourquoi?

Imaginez que vous êtes M. Colomb.

6. Où est-ce que vous travaillez?
7. Qu'est-ce que vous y faites?
8. Qu'est-ce que c'est qu'un supermarché?
9. Pourquoi êtes-vous fâché contre M. Vernon?
10. Est-ce que M. Vernon a gagné la bataille?

Exercice 1

Choisissez dans la boîte un objet et des mots pour compléter les phrases.

exemple Où est . . . . nous pouvons mettre nos provisions?
Où est *le panier dans lequel* nous pouvons mettre nos provisions?

1. Où est. . . . . nous pouvons mettre nos vêtements?

2. Voilà . . . . nous pouvons jouer aux cartes.

3. Voilà . . . . elle est allée au cinéma.

4. Voilà . . . . vous ne pouvez pas entrer au théâtre.

5. Voilà . . . . je connais le frère.

6. Où est. . . . . j'ai donné mon adresse?

7. Voilà . . . . il a recontré son amie.

| avec qui | dont | dans laquelle | sans lesquels |
| sur laquelle | dans lequel | à qui | devant lequel |

Exercice 2

Servez-vous des dessins pour changer les phrases.

exemple Voilà la voiture dans laquelle grand-père est arrivé.

Voilà le train dans lequel grand-père est arrivé.

1. Voilà l'autobus dans lequel je suis allé à Paris.

2. Voilà la dame à qui j'ai parlé hier.

3. C'est ce théâtre-là à côté duquel on va construire un parking.

90

Danielle est entrée au bureau de poste. Elle voulait mettre des lettres à la poste et elle voulait envoyer une carte postale à une amie en Espagne, mais elle n'avait pas de timbres.

Elle est allée d'abord au guichet des timbres où elle a acheté un carnet de dix timbres à 30 centimes et un timbre à 40 centimes. Elle a donné à l'employé un billet de cinq francs et il lui a rendu un franc soixante.

Danielle voulait aussi un mandat pour envoyer de l'argent à une autre amie. Elle a rempli une fiche, puis s'est adressée au guichet des mandats. Elle a demandé à l'employé un mandat ordinaire et lui a donné le prix du mandat et la taxe.

Enfin Danielle a mis les lettres et la carte postale dans la boîte aux lettres du bureau de poste. Elle a regardé l'heure de la prochaine levée – 19 h. Elle espérait que toutes les lettres arriveraient le lendemain pour la première distribution.

Danielle a mis un timbre de 30 centimes sur chacune des lettres pour la France. Sur la carte postale pour l'Espagne elle a mis un timbre de 40 centimes. Il faut mettre: –

sur une lettre pour la France ou pour un des pays du Marché Commun	0,30F
sur une carte postale pour la France ou pour un des pays du Marché Commun	0,25F
sur une lettre pour l'étranger	0,60F
sur une carte postale pour l'étranger	0,40F

Pour envoyer de l'argent on peut acheter un mandat ordinaire (un mandat-lettre). On remplit une fiche, puis on s'adresse au guichet des mandats où on paye le prix du mandat et la taxe.

Conversations

A. *Yves est au bureau de poste*

YVES	Je voudrais un carnet de vingt timbres à trente centimes, s'il vous plaît.
EMPLOYE	Voilà, monsieur. Ça fait six francs. Un billet de cinquante francs! Vous n'avez pas de monnaie?
YVES	Non, je regrette.
EMPLOYE	Alors, voilà dix, vingt, trente, quarante, quarante-quatre francs qui font cinquante.
YVES	Merci bien. Je voudrais aussi deux mandats.
EMPLOYE	Vous n'avez pas rempli les fiches?
YVES	Si, les voici. Je les ai déjà remplies.
EMPLOYE	Eh bien, remettez-les au guichet des mandats. C'est le guichet onze.

B. *Au guichet des mandats*

EMPLOYE	Au suivant!
YVES	Je voudrais deux mandats.
EMPLOYE	Très bien. Remplissez les fiches, s'il vous plaît.
YVES	Je l'ai déjà fait. Les voici.
EMPLOYE	Bon ... Ça fait vingt-deux francs.
YVES	Voilà, monsieur.
EMPLOYE	Merci. Voilà votre reçu, monsieur... Au suivant!

MANDAT-CARTE

N° 1406

COUPON
remis au destinataire

Étiquette extraite
du registre n° 510

N° d'émission :

A REMPLIR PAR L'EXPEDITEUR

MONTANT du mandat
(en chiffres)

MANDAT de la somme de
(en lettres)

EXPÉDITEUR (Nom et adresse)

payable à
(Pour une femme, mettre « Madame » ou « Mademoiselle » en toutes lettres)

M ....

M .... est informé que
ce mandat est payable, au bureau
de ....
à partir du .... à .... h.
Se munir du présent coupon et
d'une pièce d'identité.

DESTINATAIRE

EXPÉDITEUR

MONTANT

C. Répétez les deux conversations, mais avec des objets et des gens différents.

Par exemple

1. C'est Danielle qui s'approche d'une employée.
2. Elle voudrait un carnet de dix timbres.
3. Elle n'a qu'un billet de cent francs.
4. Elle n'a pas rempli de fiche.
5. Le guichet des mandats est le guichet six.
6. Elle veut savoir l'heure de la dernière levée.

Composition: Comment occuper deux places

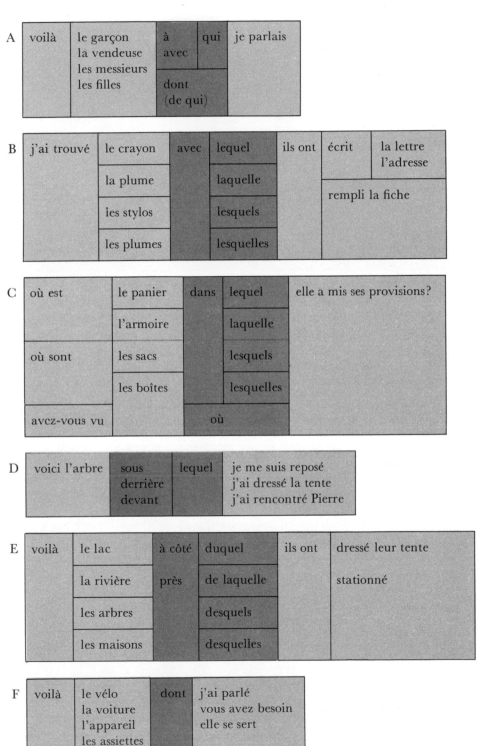

A

voilà	le garçon	à	qui	je parlais
	la vendeuse	avec		
	les messieurs			
	les filles	dont (de qui)		

B

j'ai trouvé	le crayon	avec	lequel	ils ont	écrit	la lettre l'adresse
	la plume		laquelle			
					rempli la fiche	
	les stylos		lesquels			
	les plumes		lesquelles			

C

où est	le panier	dans	lequel	elle a mis ses provisions?
	l'armoire		laquelle	
où sont	les sacs		lesquels	
	les boîtes		lesquelles	
avez-vous vu		où		

D

voici l'arbre	sous	lequel	je me suis reposé
	derrière		j'ai dressé la tente
	devant		j'ai rencontré Pierre

E

voilà	le lac	à côté	duquel	ils ont	dressé leur tente
	la rivière	près	de laquelle		stationné
	les arbres		desquels		
	les maisons		desquelles		

F

voilà	le vélo	dont	j'ai parlé
	la voiture		vous avez besoin
	l'appareil		elle se sert
	les assiettes		

95

Agents secrets

Alain Boileau est ingénieur aux laboratoires secrets de l'Agence Atomique à quelques kilomètres d'Ambiers. Il habite à Tours et quelquefois il vient passer la journée chez ses parents, avec sa femme, Brigitte, et le petit Michel.

Un dimanche après-midi Alain a proposé à Yves et Danielle d'aller prendre une bière au Café des Pêcheurs au bord de la rivière. A une table voisine Alain a reconnu deux employés de l'Agence Atomique. Ils parlaient à voix basse avec un homme qu'Alain ne connaissait pas. Il a entendu quelques phrases au sujet des laboratoires. L'inconnu écoutait avec la plus grande attention. Alain a décidé de dire aux employés de ne plus rien dire, mais tout à coup un des hommes l'a remarqué. L'homme a dit quelque chose à ses amis et tous les trois sont vite sortis. Alain les a suivis jusqu'à l'entrée mais ils sont montés dans une voiture et sont partis à toute vitesse.

1.
    ALAIN   Ça alors, je suis sûr que nous ne verrons jamais plus ces types. Je dois téléphoner au chef de notre service de sécurité.

    YVES   C'est si sérieux?

    ALAIN   Mais oui, tu sais, notre travail est secret. Personne n'a le droit d'en parler – surtout aux étrangers.

    DANIELLE   C'était un étranger avec qui ils parlaient?

    ALAIN   Je suis sûr qu'il n'était pas Français.

    YVES   Tu connais les autres?

    ALAIN   Oui, l'un s'appelle Michaud et l'autre Benni; mais Yves, je dois te dire de ne rien imprimer de tout cela. C'est une question de sécurité nationale.

    YVES   Entendu. Au revoir, Alain.

2.
    YVES   Ah zut, une grande nouvelle comme ça et on n'a pas le droit de l'imprimer!

    DANIELLE   Yves, j'ai une idée. Si nous attrapions l'agent étranger nous aurions le droit d'imprimer l'histoire, n'est-ce pas?

    YVES   Bien sûr, mais à quoi bon rêver? Nous ne pouvons rien faire.

    DANIELLE   Yves, j'ai pris des photos de ces hommes et de leur voiture.

    YVES   Des photos, mais comment? Tu n'as pas d'appareil.

    DANIELLE   Mais si, j'ai mon petit appareil de poche. Je ne sors jamais sans lui. Le voici.

    YVES   Chic alors!

3. *Dix minutes plus tard*

DANIELLE   Voici le patron qui arrive. Est-ce qu'il nous cherche?

YVES   M. Lagard, bonjour.

M. LAGARD   Ah vous voilà, mes enfants. Mme Boileau m'a dit que vous étiez ici.

DANIELLE   Vous avez du travail pour nous?

M. LAGARD   Oui, on vient de téléphoner au bureau. Il y a eu un accident de route à Vercy, à quinze kilomètres d'ici. Deux habitants d'Ambiers sont morts. Ce qui est étrange, c'est qu'ils n'avaient rien sur eux sauf leur carte d'identité. On ne sait pas s'ils ont des parents.

YVES   Comment s'appellent-ils?

M. LAGARD   L'un s'appelle Benni et l'autre Michaud. Ils étaient tous les deux employés à l'Agence Atomique.

YVES   Vite, partons, Danielle. Il faut aller à Vercy.

M. LAGARD   Mais je n'y comprends rien. Pourquoi êtes-vous si pressés?

YVES   Je ne peux rien vous dire à présent. C'est une question de sécurité nationale!

4. *Dans la voiture de Danielle*

YVES   Je suis sûr que ce n'est pas une simple question d'accident. L'étranger a assassiné les autres pour les empêcher de parler à la police.

DANIELLE   Je dois passer au bureau pour développer mes photos. Je n'ai besoin que de quelques minutes.

YVES   D'accord. Et moi, je vais chercher la carte locale.

5.   DANIELLE   Nous voici à Vercy. Et quoi maintenant, monsieur l'agent secret?

YVES   Voilà un café. Allons parler à la patronne.

Dans le café

PATRONNE   Mais non, monsieur, je ne sais rien au sujet de cet accident.

YVES   Avez-vous vu des étrangers ici, madame?

PATRONNE   Non, je n'ai vu personne, sauf les habitants du village. Ah, attendez, il y a des gens qui font du cinéma au château. Ce sont des étrangers, eux.

DANIELLE   Qu'est-ce qu'ils font ici, madame?

PATRONNE   Ils tournent un film pour la télé, à ce qu'on dit. Mais je n'ai jamais vu ni caméra ni lumières, ni micro. Rien sauf leurs voitures qui vont et viennent toute la nuit. On ne dort plus ici.

YVES   Passe-moi la photo, Danielle. Dites, madame, avez-vous jamais vu cet homme?

PATRONNE   Mais oui, je l'ai vu plusieurs fois en passant près du château.

YVES   Comment est-ce qu'on arrive au château? C'est loin?

PATRONNE   Non, c'est à cinq cents mètres d'ici. Vous y arrivez en prenant ce chemin-là.

6.   DANIELLE   Voilà le château. Qu'est-ce qu'on fait maintenant?

YVES   Moi, je vais essayer d'y entrer pour interviewer le chef.

DANIELLE   Moi, je me cacherai derrière ces arbres-là pour prendre des photos.

YVES   Bon, vas-y. A bientôt.

Au concierge qui arrive

    Bonjour, je suis reporter à *La Dépêche d'Ambiers*. Je voudrais interviewer votre patron au sujet du film qu'il tourne.

CONCIERGE   Je regrette, monsieur, mais personne ne peut entrer ici.

YVES   Mais ce serait un article très intéressant pour nos lecteurs, et d'ailleurs une bonne publicité pour le film.

CONCIERGE   Je n'en sais rien, mais j'ai mes ordres. Personne n'a le droit d'entrer.

YVES   Tant pis, au revoir et merci... pour rien.

7.   DANIELLE   Yves, j'ai vu l'homme du café, et aussi d'autres étrangers. Tout le monde a l'air très pressé; je crois qu'ils vont partir tout de suite.

YVES   Vite, nous devons téléphoner à Alain. Il n'y a plus aucun doute; ce sont des agents étrangers. C'est à la police de jouer maintenant – et nous aurons une nouvelle sensationnelle!

Voici l'article qu'Yves a écrit

Agents Secrets à Ambiers
Notre reporter a attrapé les espions

Hier la police a arrêté un groupe d'agents étrangers avec tout leur matériel. Les policiers ont surpris les agents en faisant une descente en hélicoptère sur le château de Vercy, à quinze kilomètres d'Ambiers. Les étrangers étaient en train de quitter le château.

    La police croit que les agents étrangers ont assassiné deux employés de l'Agence Atomique après avoir reçu de ceux-ci des informations sur le travail de l'agence. Le Directeur des laboratoires a pu nous assurer que ces informations n'ont aucune importance pour la sécurité nationale.

Notre photographe Danielle Lefèvre a pris cette photo pendant l'arrestation des agents étrangers.

1a. Quand est-ce qu'Alain verra les trois types?
 b. Qui a le droit de parler du travail des laboratoires?
 c. Qu'est-ce qu'Yves pourra imprimer au sujet de l'étranger?
 d. Pourquoi n'a-t-il pas le droit d'imprimer l'histoire?

2a. Qui veut attraper l'étranger?
 b. Pourquoi?
 c. Qu'est-ce qu'elle a fait?

3a. Pourquoi M. Lagard est-il venu au café?
 b. Qu'est-ce qui est arrivé à Vercy?
 c. A quelle distance d'Ambiers se trouve Vercy?
 d. Qu'est-ce que les hommes morts portaient sur eux?
 e. Pourquoi est-ce qu'Yves ne dit rien à M. Lagard au sujet des hommes?

4a. Est-ce un simple accident qui est arrivé?
 b. Pourquoi est-ce que l'étranger a assassiné les deux employés?
 c. Qu'est-ce que Danielle veut faire au bureau?
 d. Qu'est-ce qu'Yves va faire en attendant Danielle?

5a. Qu'est-ce que la patronne du café sait au sujet de l'accident?
 b. A-t-elle vu des étrangers au village?
 c. Qu'est-ce qu'ils font là, à ce qu'on dit?
 d. Est-ce que la patronne a vu des caméras ou des micros?
 e. Qu'est-ce qui l'empêche de dormir?
 f. Quand est-ce qu'elle a vu l'homme du Café des Pêcheurs?

6a. Qu'est-ce qu'Yves va essayer de faire au château?
 b. Qu'est-ce que Danielle va faire en attendant Yves?
 c. Est-ce qu'Yves réussit à entrer dans le château?
 d. Pourquoi pas?

7a. Est-ce que Danielle a réussi à prendre des photos?
 b. Qu'est-ce que les agents étrangers vont faire?
 c. Qu'est-ce qu'Yves va faire maintenant?

Questions B

Un policier vous interroge au sujet d'un crime. Répondez toujours au négatif.
1. Est-ce que vous êtes allé à Vercy?   2.   Qui est-ce que vous êtes allé voir?
3. Qui vous a accompagné?
4. Qu'est-ce que vous avez acheté avant de vous mettre en route?
5. Où est votre revolver?   6.   Avez-vous jamais vu ce revolver-ci?
7. Connaissez-vous cet homme sur la photo?
8. Qui est-ce que vous avez rencontré au Café des Pêcheurs?
9. Montrez-moi votre carte d'identité.   10.   Où est-ce que vous l'avez perdue?

La Visite de la Douane. Répondez au négatif aux questions du douanier.
1. Vous avez quelque chose à déclarer?   2.   Vous êtes allé en Ecosse?
3. Qu'est-ce que vous avez acheté?   4.   Vous avez du whisky?
5. Qu'est-ce qu'il y a dans ce sac?   6.   Il y a quelqu'un dans la caravane?
7. Vous avez de l'argent étranger?
8. Qu'est-ce que vous savez de ces cigarettes que j'ai trouvées?

Exercice 1

exemple   Avez-vous une voiture ou un scooter?
Non, je n'ai ni voiture ni scooter, mais j'ai un vélo.

1. Habitez-vous à Paris ou à Tours?

2. Préférez-vous le vin ou la bière?

3. Voulez-vous un appareil ou un magnétophone?

4. Savez-vous jouer de la guitare ou de l'accordéon?

5. Travaillez-vous dans un bureau ou dans un laboratoire?

Exercice 2

exemple   Quand est-ce que vous avez vu Yves?
Je l'ai vu en sortant du café.

1. Quand est-ce que vous avez vu Danielle?

2. Quand est-ce que vous avez perdu votre argent?

3. Quand est-ce que vous avez rencontré Alain?

4. Quand est-ce que vous avez trouvé ce revolver?

5. Quand est-ce que vous avez entendu cette nouvelle?

Exercice 3

Ecrivez l'histoire de l'arrestation des voleurs en vous servant des notes d'Yves.

Dix heures du soir – étrangers prêts à partir – trois voitures pleines de bagages –
entendu le moteur d'un hélicoptère – descendu devant le château – douzaine de
policiers – revolvers – quelques coups – agents étrangers dans le château – policiers
entrés – arrivée d'autres voitures – personne ne s'est échappé.

Monsieur Jean Boileau et
Madame Liliane Boileau
ont l'honneur de vous faire part
du mariage de
Mademoiselle Monique Boileau
leur fille, avec
Monsieur Bernard Poirier

Enfin tous les préparatifs ont été faits. Monique et Bernard ont trouvé un joli petit appartement à deux kilomètres du centre d'Ambiers; ils ont acheté des meubles, ils ont reçu beaucoup de cadeaux. Maintenant tout est prêt pour le mariage.

Un mariage en France consiste, en général, en deux cérémonies: le mariage civil à la mairie, puis le mariage religieux à l'église. Le mariage à la mairie est obligatoire; presque tous les couples veulent une cérémonie religieuse aussi, car ce n'est qu'après avoir été unis par le curé qu'ils ont l'impression d'être vraiment mariés.

C'est le maire qui célèbre le mariage civil. Il prononce un petit discours, les mariés signent le registre des mariages; puis le maire leur présente ses meilleurs vœux de bonheur. Ensuite le curé célèbre le mariage religieux à l'église; là, les mariés échangent leurs anneaux. En général, en France, le mari aussi porte un anneau. Le couple signe le registre de mariages de l'église, et à la sortie leurs amis, tous joyeux, jettent des confettis et du riz sur les nouveaux mariés.

Après les cérémonies les parents et les amis sont invités à déjeuner ou à dîner dans un restaurant. Au milieu de la table se dresse un superbe gâteau de noces. Très souvent la mariée déchire son voile en petits morceaux pour les donner en souvenir à ses amies. On danse et on chante pendant des heures et des heures! Puis les nouveaux mariés partent en voyage de noces, souvent à l'étranger.

Conversations

Dans l'appartement

A. *Georges aide Monique et Bernard à faire leurs derniers préparatifs dans l'appartement*

BERNARD   Georges, veux-tu mesurer la fenêtre de la cuisine? Nous avons encore besoin de rideaux pour celle-ci.

GEORGES   D'accord. Voyons, elle a $3^m,05$ de large... et $1^m,05$ de haut.

BERNARD   Bon, je vais noter ça. Monique, dis, nous aurons besoin de combien de tissu pour cette fenêtre?

MONIQUE   Fais voir. Ah, $1^m,05$ de haut sur $3^m,05$ de large. Le tissu aura un mètre de large, sans doute. Eh bien, il faudra en acheter, disons, six mètres.

B.   GEORGES   Bernard, on vient de livrer le buffet pour la salle à manger, mais je crois qu'il est trop grand pour entrer.

BERNARD   Voyons, mesurons-le. Il est long de deux mètres, haut d'un mètre et profond de 45 cms. Et la porte?

GEORGES   Elle a 50 cms. de large.

BERNARD   Bon, ça ira. Aide-moi à le faire entrer.

Aux galeries d'Ambiers

C. *Monique va aux Galeries d'Ambiers acheter le tissu*

VENDEUSE   Bonjour madame, qu'y a-t-il pour votre service?

MONIQUE   Je voudrais voir des tissus pour une fenêtre de cuisine.

VENDEUSE   Quelque chose de gai en coton, peut-être, comme ce tissu-ci?

MONIQUE   Ah, j'aime ça, c'est charmant. Vous l'avez en jaune?

VENDEUSE   Nous l'avons en couleurs très variées. Voilà.

MONIQUE   Je prends six mètres du jaune, s'il vous plaît.

VENDEUSE   A six francs le mètre, ça fait trente-six francs. Merci madame.

D.   Répétez la première conversation. Cette fois c'est la fenêtre de la salle à manger qu'il faut mesurer. (Dimensions 2^m de haut sur $3^m,50$ de large.)

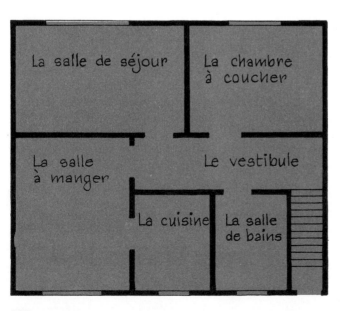

E.   Vous allez aux Galeries d'Ambiers acheter du tissu pour la fenêtre de la salle à manger. Vous voulez du tissu en nylon vert. Vous avez besoin de 10 mètres de tissu. Allez-vous choisir le tissu à 12 F. le mètre, ou celui à 18 F.?

F.   Voici le plan de l'appartement des Poirier. Décrivez les pièces en donnant les dimensions. Qu'est-ce qu'on doit acheter pour meubler l'appartement?

Composition: Le héros inconnu

Modèles

A

est-ce qu'Alain est déjà	rentré? sorti? parti? descendu?	non, il	ne	rentre sort part descend	jamais	avant 8h.

B

qu'est-ce que vous allez prendre?	rien	merci,	je	ne	prends	jamais de	vin café bière

C

qu'est-ce que vous avez	acheté? perdu? trouvé?	je	n'	ai	rien	acheté perdu trouvé

D

je voudrais	du poulet des tomates de la soupe	je regrette monsieur,	il	ne n'	reste y a	plus de	poulet tomates soupe

E

avez-vous de l'argent?	non, je	n'	ai	pas plus	d'argent
	oui, j'			beaucoup assez	
	je	n'		que	5 francs
	il ne me reste				

F

qui	veut aller	à la foire? au cinéma? à la discothèque?	personne ne	veut y aller
	sait jouer	du piano? de la guitare? de l'accordéon?		sait en jouer

G

travaillez-vous le samedi?	non,	je	ne	travaille	ni	le samedi	ni	le dimanche
voulez-vous du vin ou de la bière?				bois		vin		bière
avez-vous vu mes frères?			n'	ai vu		Alain		Georges
as-tu lu ces livres?				ai lu		l'un		l'autre

H

j'ai vu Alain	en	traversant entrant sortant arrivant	la rue dans le magasin de la gare à l'école

I

Yves a trouvé l'agent secret	en se servant	de ses notes des photos de la carte

LA DEPECHE D'AMBIERS

INCENDIE AU CHATEAU

Accident ou Crime?

Hier soir les sapeurs-pompiers sont arrivés au Château d'Ambiers juste à temps pour empêcher un désastre. Ils y sont allés à la suite d'un appel du concierge, M. Hautfleur. On parle de la possibilité d'un crime d'incendie. La semaine dernière M. Hautfleur a chassé un groupe de garçons: un grand de dix-sept ans environ aux cheveux très longs – «comme une jeune fille» comme a dit le concierge; deux autres, âgés de quinze ou seize ans, qui se ressemblaient beaucoup – des jumeaux peut-être; ils étaient blonds et plutôt petits.

   La police est en train de faire des recherches. Ce matin, M. Hautfleur nous a dit: «J'étais sur le point de me coucher hier soir, mais j'ai décidé de faire un petit tour du château avant d'aller au lit.
   «Je traversais la grande cour quand soudain j'ai senti une odeur de fumée. Je me suis précipité dans la grande salle (celle qui sert de musée) et là j'ai vu l'incendie. Des flammes et de la fumée venaient d'un coin de la pièce. J'ai vu tout de suite que je ne pourrais jamais l'éteindre tout seul, alors j'ai téléphoné aux pompiers.» Heureusement ceux-ci sont arrivés à temps et l'incendie n'a pas fait trop de dégâts.

Partie du Château d'Ambiers (à gauche)   *Le Lieutenant des sapeurs-pompiers* (à droite)

Les fermiers se plaignent des touristes

Les fermiers qui habitent près d'Ambiers se plaignent de nouveau. Mais cette fois ils ont des raisons. Chaque été ils perdent de l'argent à cause des touristes. Comment est-ce que cela se fait?

Souvent les touristes s'arrêtent pour faire un pique-nique au bord de la route et même dans les champs des fermiers. Quand ils partent ils laissent les barrières ouvertes. Bien entendu, les animaux s'échappent des champs et même quelquefois ils sont tués.

Même si les touristes restent au bord de la route ils peuvent causer du mal aux fermiers. «Souvent ils lancent leurs boîtes de conserve vides et leurs bouteilles cassées par-dessus les haies, et les vaches et les moutons se coupent les pattes là-dessus», nous a dit un des fermiers, «et de plus... ils laissent leurs ordures au bord de la route et nous sommes obligés de les ramasser. Cette année je vais les attendre avec mon fusil et puis on verra...»

Si vous allez faire un pique-nique près d'Ambiers on vous prie de faire attention de ne pas laisser les barrières ouvertes et de ne pas laisser des ordures... et souvenez-vous du fermier avec son fusil!

Habitants d'Ambiers: Bernard Rolet

Dans deux semaines commenceront les essais des 24 Heures du Mans. Cette année ce sera très intéressant pour les habitants d'Ambiers, parce qu'un des pilotes – Bernard Rolet – habite la ville. Grand blond aux yeux clairs, Monsieur Rolet nous a parlé de sa voiture et de ses espoirs.

«C'est la première fois que je prends part aux 24 Heures. Je conduis une Renault. Comme vous le savez je suis plutôt connu comme pilote de Formule I, mais ces grandes voitures ont toujours eu un attrait pour moi. Aux essais préliminaires la voiture a très bien marché.»

C'est bien vrai qu'on le connaît plus comme pilote de Formule I. L'année dernière il a gagné la coupe de Paris et a terminé second de la coupe de vitesse à Pau.

«Je ne pourrais jamais gagner les 24 Heures», nous a-t-il dit, «contre les grandes équipes des fabricants. Mais si je pouvais seulement finir les 24 Heures, j'en serais content.»

Et nous, habitants d'Ambiers, suivrons son progrès et nous serions aussi contents que lui, s'il pouvait réussir. Bonne chance, Bernard Rolet!

ACTUALITES

Une automobile blesse 2 fillettes sur un passage clouté

Avenue Maréchal de-Lattre-de Tassigny, à Ambiers, une voiture conduite par Mme. Janine Perret, 51 ans, qui circulait en direction d'Orléans, mercredi vers 14h 30, a heurté deux fillettes: Denise Montanet et Brigitte Labbaye, qui habitent toutes les deux à Ambiers.

Les enfants traversaient la rue dans le passage réservé aux piétons. On a emmené les deux fillettes, blessées à la jambe, à l'hôpital, mais plus tard elles ont pu rentrer chez elles.

Reprise du travail à Chevron

Après 8 jours de grève le travail reprendra lundi matin à la fabrique de la compagnie «Chevron» pour les 250 ouvriers.

M. Albert Rolet, 80 ans, conduit toujours sa Citroën Type A

M. Albert Rolet, grand-père de Bernard Rolet, vient de passer une semaine chez son petit-fils à Ambiers. M. Rolet connaît notre ville très bien; il habitait ici il y a longtemps. Il travaillait comme ingénieur à la fabrique de la compagnie «Chevron».

M. Rolet était un des premiers habitants d'Ambiers à acheter une automobile. Quarante ans avant son petit-fils il prenait part aux courses d'autos. Il était un des plus célèbres pilotes de la France.

M. Rolet conduit toujours sa grande Citroën Type A, parce qu'il n'aime pas les voitures modernes. Aujourd'hui il ne sort pas souvent. «Il y a trop de voitures, de camions, de scooters et de vélos sur les routes, nous a-t-il dit. Je préfère rester chez moi à regarder la télévision. C'est plus agréable!»

Les Jeunes Époux

Nous avons appris avec plaisir le mariage de Mlle Monique Boileau et de M. Bernard Poirier, employé à la Banque Centrale de Tours.

Mlle Boileau est la fille de M. et de Mme Boileau d'Ambiers et la petite-fille de Mme Hergé d'Orléans. M. Poirier est le fils unique de Mme Poirier de Tours et le petit-fils de M. Poirier de Vendôme.

Les époux ont été unis civilement à la Mairie d'Ambiers par M. Albert Traille, maire de notre commune, qui, en termes très sincères, a félicité les deux familles.

Le mariage religieux a été célébré à l'Eglise Saint-Denis par l'abbé Jean-Baptiste Boyer.

Les futurs époux ont choisi comme témoins de leur union M. Alain Boileau, frère de la mariée, et M. Paul Poirier, oncle du marié.

Tous les invités se sont rendus au restaurant «AU PECHEUR JOYEUX» pour le dîner de noces. On a dansé et chanté sur les belles terrasses qui bordent la rivière jusqu'à une heure très avancée.

M. Lagard, directeur de *La Dépêche d'Ambiers*, a offert, au nom des employés et des lecteurs de notre journal, ses félicitations et ses vœux les plus sincères.

Les deux familles ont versé la somme de 100 francs pour les œuvres de la commune.

LA DEPECHE GASTRONOMIQUE

BEIGNETS DE CHOUX-FLEURS

CUISINE RAPIDE

Vous vous ennuyez de manger toujours les mêmes légumes? Voilà quelque chose qui est délicieux, mais qui ne coûte pas cher.

Vous vous rappelez peut-être que dans un numéro récent on vous a donné la recette de CRÊPES SUZETTE. Cette fois aussi vous aurez besoin d'une pâte.

PRENDRE
1 Chou-fleur
1 oeuf
1 tasse de farine (125 gms)
2 tasses d'eau
1 tasse de lait
sel
persil
une casserole d'huile

1 Faire bouillir l'eau très vite dans une casserole

2 Ajouter une petite cuillerée de sel

3 Casser le chou-fleur en morceaux et les mettre dans l'eau bouillante

4 Mettre le couvercle et faire bouillir pendant sept minutes à peu près.

5 Ensuite les mettre dans un bol sans eau à sécher

POUR FAIRE LA PÂTE 1 Battre le jaune de l'oeuf et peu à peu ajouter la farine, le lait et un peu de sel et remuer le tout.

2 Dans un autre bol battre le blanc de l'oeuf.

3 Quand celui-ci est rigide ajouter à la pâte

4 Couvrir chaque morceau de chou-fleur de pâte et faire frire dans l'huile

5 Quand ils sont bien cuits les servir tout de suite garnis de persil.

FESTIVAL DE THEATRE ET DE MUSIQUE

Cette année le festival annuel de théâtre et de musique aura lieu à Ambiers du 15 au 28 juillet. On présentera cette année surtout les œuvres du 20e siècle. Il y aura des représentations de pièces modernes de Claudel, Jules Romains et Ionesco. Parmi les écrivains étrangers dont on jouera des pièces seront Miller, Brecht et Pinter.

Un groupe d'acteurs viendra de la Comédie Française; il y aura aussi un groupe de collégiens d'Ambiers qui présenteront *Knock*.

On jouera de la musique de Stravinsky, de Bernstein et d'autres. Il y aura un orchestre de Lille et un de Tours. Les spectacles et les concerts auront lieu au Château, à la Mairie et à la Salle des Fêtes.

CINEMA

On connaît très bien Jacques Verdun, qui vous a déjà présenté beaucoup de reportages sur les pays inconnus du monde. Le voici de retour d'un long voyage dans les mers du Sud, où il a filmé Tahiti, le vrai Tahiti, pas le Tahiti de Hollywood, mais celui de tous les jours. Le premier et le plus grand reportage en couleur «Tahiti, monde inconnu» ce soir, Salle des Fêtes, 20h 30, places 5F.

Hier vous avez aimé «Delphine». Aujourd'hui vous aimerez «Mariane», comédie musicale qui vous passionnera par sa merveilleuse histoire d'aventures gaies et romantiques et par la beauté des images en couleurs. Cinéma Rex.

Samedi, Maison des Jeunes, films. Des impressions de Moscou—Quelques regards sur la jeunesse de l'URSS. 21h, entrée libre et gratuite.

Achetez toujours votre *Dépêche* chez le même marchand. Il vous remerciera—et nous aussi.

Lacaze Joue au Golf

Roman-feuilleton en 2 épisodes

partie finale
LA FIN DU JEU

— N'y touchez pas! – a dit Lacaze – surtout n'y touchez pas!
— Mais qui est-ce qui habite ici? – a demandé Belhomme.
— Moi, je vais faire des recherches au bureau. Toi, tu resteras ici à fouiller la maison.
Arrivé dans son bureau, Lacaze a bientôt appris qu'un certain Henri Inglebert habitait dans la maison.
Il allait quitter la pièce quand le téléphone a sonné.
— Allô, le secrétaire du club de Golf à l'appareil. Inspecteur Lacaze? Ecoutez; tout de suite après votre départ deux hommes masqués sont entrés dans le club et ils ont pris tout l'argent.
— Bon, ne quittez pas, – a dit Lacaze. Puis il a donné des ordres à un des agents – «Trouvez Henri Inglebert, 27, Rue Vincent Adam.»
Une heure plus tard Belhomme, Lacaze et Henri Inglebert étaient assis dans le salon de la maison d'Inglebert. Celui-ci était en train d'expliquer:
— Je me suis coupé le doigt. J'ai laissé tomber le couteau, et je me suis rendu à toute vitesse à l'hôpital.

— A qui avez-vous parlé là-bas? – a demandé Lacaze.
— A personne, sauf à l'infirmière, – a répondu l'autre. – Je lui ai donné les détails, et mon adresse, bien entendu.
— Vous permettez? – a dit Lacaze et il a pris le récepteur du téléphone.
Il a téléphoné à l'hôpital. On lui a dit que l'infirmière n'y était plus. Il a demandé son adresse et dix minutes plus tard deux voitures pleines d'agents y sont arrivées.
Ils y ont trouvé l'infirmière, les deux hommes et tout l'argent.
A deux heures de l'après-midi de ce même jour de printemps Guy Lacaze se trouvait sur le terrain de golf. Il allait commencer son match quand le garçon du bar est venu vers lui...

FIN

Tante Jeanne répond:

J'ai presque seize ans. L'année dernière pendant les grandes vacances j'ai rencontré un jeune homme très sympathique. Nous nous sommes beaucoup vus – mais, hélas, mes parents n'étaient pas d'accord.

Puis le mois d'octobre est arrivé. Nous nous sommes écrit toutes les semaines, mais enfin mes parents ont ouvert mes lettres. Alors je ne lui ai plus écrit. Cette année je retourne au même endroit et j'espère le revoir. Je n'ose plus lui écrire. Que faut-il faire pour être heureuse?

Françoise

J'ai quatorze ans. Mon visage est couvert de boutons et vraiment, j'en ai honte. Pourriez-vous m'indiquer un produit qui les enlèvera? J'ai essayé tous les produits que je connais.

Guy

Allez consulter votre docteur. Il vous donnera des conseils plus précis. Et n'ayez pas honte. Ces boutons indiquent que vous n'êtes plus un petit garçon.

Je vous conseille de persuader vos parents d'inviter ce jeune homme à dîner avec vous en famille. S'il est vraiment sympathique, comme vous le dites, ils n'auront plus d'objections.

Si vos parents ne veulent pas le faire – je vous conseille de faire partie d'un club, où vous pourriez rencontrer d'autres jeunes hommes.

Horace fait un pique-nique

Nos Lecteurs nous écrivent

Impressions sur l'Angleterre

Je viens de passer une quinzaine en Angleterre, et puisque cela a été ma première visite, ce que j'ai vu m'a beaucoup frappé. Ce qui m'a frappé le plus, ce sont les maisons.

Nous autres en France dans les grandes villes nous habitons en général dans des immeubles – dans des appartements. Les Anglais, au contraire, ont des maisons particulières à 2 étages, toutes avec un petit jardin. J'en ai vu même au centre de Londres.

Autre chose qui m'a étonné, c'est la façon anglaise de faire la queue partout, même en attendant un autobus. Moi, je suis un simple Français, habitué à attendre patiemment à l'arrêt et à monter dans l'autobus, arrive qui peut. Le système parisien de tickets me semble assez drôle, mais ce système anglais de faire la queue me semble bête.

A. Lebrun
Ambiers

Chacun son goût

Je dois vous féliciter de la recette que vous avez donnée dans un numéro récent. Les crêpes Suzette étaient vraiment délicieuses.

Charline Damerment

J'ai remarqué que votre «expert gastronomique» ne met pas son nom à la fin de ses recettes. Ça ne m'étonne pas du tout! J'ai suivi ses conseils pour les crêpes Suzette et le résultat a été un simple désastre!

Nicole Côte (14 ans)

MOTS CROISES EN IMAGES

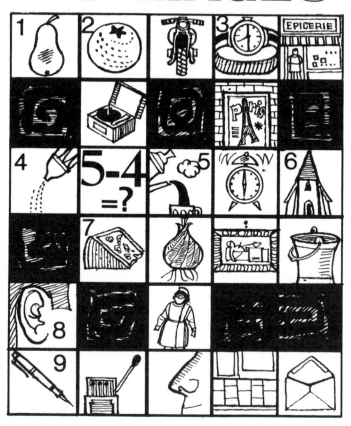

Si vous prenez la première lettre de chaque mot illustré ci-dessus, vous trouverez d'autres mots.

Défense de stationner

Les fermiers qui habitent et travaillent aux environs d'Ambiers ne sont pas du tout contents. En effet ils sont en colère à cause d'une dispute entre eux et le maire. Celui-ci leur a défendu de stationner au centre de la ville les jours de marché. Auparavant les fermiers venaient au marché avec leurs charrettes et leurs camions; ils stationnaient autour du marché pendant qu'ils vendaient leurs produits aux habitants d'Ambiers.

Mais le maire a changé tout cela; plus de charrettes ni de camions au centre; ils causent trop d'embouteillages et on ne peut plus circuler. Maintenant les fermiers doivent transporter leurs légumes au marché, les décharger, puis aller stationner loin du centre de la ville... et ils n'aiment pas cela. Avec tout ce va-et-vient on perd beaucoup de temps, et d'argent. D'ailleurs, ils n'aiment pas faire des tas de légumes sur la place du marché. Les femmes d'Ambiers, voyant qu'il reste aux fermiers des tas de légumes, leur offrent un prix beaucoup plus bas qu'auparavant. Les fermiers, très fâchés, sont allés voir le maire, pour essayer de le persuader de changer d'avis...

1. *Dans le bureau de M. Lagard*

YVES	Patron, je viens de rencontrer M. Gaspard, le fermier. Il venait de sortir d'une réunion de tous les fermiers de la région...
M. LAGARD	Une réunion? Pour quoi faire?
YVES	M. Gaspard m'a dit que les fermiers étaient en colère contre le maire parce qu'il leur avait défendu de stationner sur la place du marché. Il m'a dit que les fermiers avaient rendu visite au maire et qu'ils lui avaient demandé de changer d'avis.
M. LAGARD	Et qu'il avait refusé.
YVES	Mais comment saviez-vous qu'il avait refusé? Vous avez déjà entendu la nouvelle?
M. LAGARD	Non, mais je connais très bien notre maire. Continuez.
YVES	Je ne sais pas ce qui va arriver, mais M. Gaspard m'a dit que les fermiers avaient décidé à leur réunion de faire quelque chose de sensationnel le prochain jour de marché.
M. LAGARD	Mais c'est demain! Alors, demain matin allez avec Danielle au marché à six heures. Nous imprimerons votre reportage demain soir.
YVES	Très bien. Au revoir, monsieur.

2. *Danielle entre*

DANIELLE | Ah patron, je viens de rencontrer le maire et...

M. LAGARD | Oui, je le sais déjà. Les fermiers se sont disputés avec lui.

DANIELLE | Mais comment est-ce que vous le savez déjà? M. Traille m'a dit qu'il n'en avait parlé à personne.

M. LAGARD | Oui, peut-être, mais Yves avait entendu parler de la dispute avant toi. Il avait rencontré M. Gaspard dans la rue et celui-ci lui avait raconté la nouvelle.

DANIELLE | Zut! J'ai cru que j'avais trouvé quelque chose de sensationnel.

M. LAGARD | Ne t'en fais pas. Demain matin à six heures tu pourras aller avec Yves au marché. Tu pourras prendre des photos sensationnelles.

3. *Le lendemain matin*

DANIELLE | Patron! Patron! J'ai pris des photos sensationnelles. Il y avait des légumes partout. Impossible de circuler... un grand embouteillage, des agents, des fermiers, partout...

M. LAGARD | Attends un moment. Calme-toi! Qu'est-ce qui est arrivé?

YVES | Les fermiers avaient chargé leurs charrettes de légumes et ils les avaient conduites en ville comme d'habitude...

DANIELLE | Mais aujourd'hui ils les avaient déchargées dans la rue devant la Mairie.

YVES | Ils avaient déchargé des tas de choux, de choux-fleurs, de carottes, de pommes de terre. On ne peut plus circuler.

M. LAGARD | Ils avaient fait tout cela avant six heures? Ils ont dû travailler toute la nuit!

YVES | Qu'est-ce qu'on va faire maintenant? Quand je suis parti pour venir ici on avait déjà téléphoné au maire, mais on n'avait pas réussi à le réveiller.

4. *Plus tard*

M. LE MAIRE | Bonjour M. Lagard.

M. LAGARD | Bonjour M. le Maire. Vous avez un problème, n'est-ce pas?

M. LE MAIRE | Ah, ces fermiers! J'avais déjà parlé avec eux et j'avais refusé de les laisser stationner au centre de la ville. Quand je suis arrivé en ville à huit heures ce matin ils avaient déchargé des tas de légumes devant la Mairie. Mais ils ne gagneront pas.

M. LAGARD | Qu'est-ce que vous allez faire? Yves m'a dit que les fermiers avaient barré la rue avec leurs légumes.

M. LE MAIRE | Oui, mais j'ai eu une bonne idée. Voulez-vous imprimer cet avis dans votre journal?

M. LAGARD | Oui, bien sûr. Faites-moi voir. Tiens! Les fermiers n'aimeront pas cela. Mais je crois que c'est vous qui allez gagner...

> **AVIS**
> **aux habitants d'Ambiers:**
> **LEGUMES GRATUITS**
> Les habitants d'Ambiers sont invités à venir en ville ce soir. Ils sont invités à prendre tous les légumes qu'ils peuvent transporter. Ils n'auront rien à payer. Ces légumes sont gratuits: les fermiers de la région les ont offerts aux habitants de notre ville.
> *Albert Traille,*
> *Maire de la commune d'Ambiers*

Questions A

1a. Qui est-ce qu'Yves venait de rencontrer?
 b. D'où venait M. Gaspard?
 c. Qui était en colère contre le maire?
 d. Où est-ce qu'il leur avait défendu de stationner?
 e. Qu'est-ce que les fermiers avaient demandé au maire?
 f. Qu'est-ce qu'ils avaient décidé de faire?

2a. Qui est-ce que Danielle venait de rencontrer?
 b. A qui est-ce que le maire avait parlé de la dispute?
 c. Qui avait raconté la nouvelle à Yves?
 d. Où est-ce que Danielle pourrait aller demain matin?
 e. Qu'est-ce qu'elle pourrait faire?

3a. Pourquoi était-il impossible de circuler?
 b. Qu'y avait-il sur les charrettes des fermiers?
 c. Où est-ce qu'ils les avaient déchargées?
 d. A qui est-ce qu'on avait déjà téléphoné?

4a. Qui est venu voir M. Lagard?
 b. Qu'est-ce qu'il avait dit aux fermiers?
 c. Qu'est-ce qu'il y avait devant la Mairie?
 d. Qu'est-ce que M. Lagard allait imprimer?
 e. Qu'est-ce que les habitants d'Ambiers pourraient prendre?

Questions B

Imaginez que vous êtes fermier.
1. Où est-ce que vous travaillez?
2. Pourquoi allez-vous en ville?
3. Comment est-ce que vous transportez vos légumes?
4. A qui est-ce que vous vendez vos légumes?
5. Êtes-vous content quand il pleut à verse?

Imaginez que vous êtes marchand de légumes.
6. Quels fruits sont les moins chers aujourd'hui?
7. A combien sont les pommes de terre? Et les choux-fleurs?
8. D'où viennent vos pêches?
9. Vous n'avez pas de tomates aujourd'hui?
10. Pourquoi est-ce que les bananes sont si chères?

Exercice 1

M. le Maire était très fâché. Pourquoi?

1. Avec qui est-ce qu'il venait de parler?

2. Où avait-il stationné son auto?

3. Qu'est-ce qu'il ne faut pas faire devant la gare?

4. Qu'est-ce qu'il avait acheté?

5. Qui avait-il rencontré en sortant de la gare?

6. Qu'est-ce que l'agent lui avait demandé?

7. Qu'est-ce que l'agent avait écrit dans son carnet?

8. Qu'est-ce que M. le Maire avait dû payer?

Maintenant racontez toute l'histoire.

Exercice 2

Imaginez ce qu'on avait fait.

exemple   Elle ne pouvait pas ouvrir la porte...
On l'avait fermée à clef.
Elle avait perdu sa clef.   etc.

1. Il ne pouvait pas acheter de journal.
2. Il ne pouvait pas trouver son parapluie.
3. Elle n'avait plus d'auto.
4. La lettre était déjà en route pour Paris.
5. Elle ne pouvait pas écrire la lettre.
6. Ils ne voulaient pas prendre un sandwich.
7. Il se sentait malade.
8. Elle n'avait pas soif.

Exercice 3

Imaginez ce qu'on vous a dit.

exemple   J'ai fini le livre.
Il m'a dit qu'il avait fini le livre.

1. J'ai fini de manger.
2. J'ai rencontré M. Lagard hier soir.
3. J'ai acheté un vélomoteur.
4. J'ai cherché mon parapluie partout.
5. Nous avons choisi des cadeaux magnifiques.
6. Nous avons attendu au coin de la rue.
7. Nous avons écrit au maire de notre commune.
8. Nous avons bu trop de vin.

Nous savons déjà que Danielle a une vieille 2CV pour transporter ses appareils. Cette auto roule très bien parce que Danielle la fait entretenir régulièrement, surtout avant de faire un long voyage. D'habitude elle la fait entretenir au garage de M. Vernon.

Un jour Danielle a conduit son auto au garage de M. Vernon et elle l'y a laissée toute la journée. Ce matin-là une amie de Paris lui avait téléphoné et l'avait invitée à passer le weekend chez elle. Ainsi, avant de partir pour Paris, Danielle avait demandé à M. Vernon de vérifier l'auto.

Il n'y avait pas beaucoup à faire. Le moteur marchait bien. M. Vernon a réglé un peu les freins et a vérifié le niveau d'huile. Il était un peu bas. Alors il a mis un demi-litre d'huile. Il a vérifié aussi tous les pneus, et aussi la roue de secours. Si un pneu crevait Danielle aurait bien besoin de sa roue de secours. Les pneus n'étaient pas très bien gonflés et M. Vernon a mis de l'air dans chacun. Puis il a réglé les phares – «trop à gauche, c'est dangereux, ça. Si on roule la nuit il faut avoir les phares bien réglés.»

Enfin M. Vernon a vérifié le niveau d'eau de la batterie et du radiateur. Dans les deux le niveau était un peu bas et il y a mis de l'eau.

Quand Danielle est arrivée au garage, tard dans l'après-midi, M. Vernon avait tout fini. Danielle a décidé de faire le plein d'essence. Pendant que M. Vernon mettait l'essence un de ses employés a nettoyé le pare-brise. Tout était prêt. Danielle est montée dans l'auto. Elle était contente... Demain soir elle serait à Paris... Elle a démarré et s'est mise en route.

Conversations

A.

DANIELLE	Bonsoir M. Vernon. C'est fini?
M. VERNON	Oui, mademoiselle; votre auto est bien en ordre. Montez et essayez-la.
DANIELLE	J'ai besoin d'essence.
M. VERNON	Combien? Vingt francs?
DANIELLE	Non, faites le plein – de l'ordinaire, s'il vous plaît.
M. VERNON	Très bien. Avancez jusqu'à la pompe là-bas et coupez le moteur.
DANIELLE	Je n'ai pas besoin d'huile?
M. VERNON	Je l'ai déjà vérifiée, mademoiselle. J'ai mis un demi-litre.
DANIELLE	Et les pneus, vous les avez vérifiés aussi?
M. VERNON	Oui, bien sûr. Ils sont tous bien gonflés, et je n'ai pas oublié la roue de secours.
DANIELLE	Oh, j'espère que je n'en aurai pas besoin.
M. VERNON	Moi aussi, mademoiselle. C'est tout?
DANIELLE	Oui, je crois.
M. VERNON	Eh bien, au revoir mademoiselle. Et bonne route!
DANIELLE	Au revoir, M. Vernon. Merci bien.

B.   Imaginez ce que dit Danielle.

DANIELLE	
M. VERNON	Bonjour mademoiselle. Ça va?
DANIELLE	
M. VERNON	Très bien. Combien en voudriez-vous?
DANIELLE	
M. VERNON	L'ordinaire? C'est la pompe là-bas, à gauche.
DANIELLE	
M. VERNON	Je vais la vérifier, mademoiselle; vous aurez besoin d'un demi-litre, peut-être.
DANIELLE	
M. VERNON	Oui, bien sûr. Et la roue de secours aussi. Vous allez loin?
DANIELLE	
M. VERNON	Ah, j'aime Paris. C'est une belle ville.
DANIELLE	
M. VERNON	Ça fait vingt et un francs cinquante, s'il vous plaît.
DANIELLE	
M. VERNON	Merci bien, voilà huit francs cinquante que je vous rends. Au revoir, mademoiselle. Et bonne route!
DANIELLE	

Composition : Embouteillages

Ecoutez l'histoire que le professeur va vous lire ; puis répondez aux questions suivantes :

1. Quand est-ce que les habitants d'Ambiers ont acheté *La Dépêche* ?
2. Qu'est-ce qu'ils y ont lu ?
3. Qu'est que l'avis leur offrait ?
4. Où est-ce que les habitants se sont rendus ?
5. Comment est-ce qu'ils y sont allés ?
6. Qu'est-ce qu'ils portaient ?
7. Où est-ce qu'ils se sont dirigés ?
8. Qu'est-ce qu'ils y ont fait ?
9. Pourquoi est-ce qu'il y a eu des embouteillages ?
10. Qu'est-ce qu'il y a eu aussi ?
11. Qui est arrivé en camionnette ?
12. Qu'est-ce qu'ils ont essayé de faire ?
13. Est-ce que les gens dans la foule étaient contents ?
14. Qui a lancé des choux-fleurs ?
15. Qu'est-ce qui est arrivé aux lanceurs de choux-fleurs ?
16. Qu'est-ce qui est arrivé à onze heures du soir ?
17. Est-ce qu'il restait beaucoup de légumes devant la Mairie ?
18. Qu'est-ce qu'on avait fait des légumes ?
19. Quels légumes avait-on pris ?
20. Qui avait gagné la bataille ?

Maintenant racontez toute l'histoire.

A

quand je suis arrivé			(déjà)	parlé téléphoné	à l'agent au médecin aux enfants
	j'	avais			
	tu				
	il elle	avait			
	nous	avions			
	vous	aviez			
	ils elles	avaient			

B

j'ai cru je ne savais pas	qu'	il avait ils avaient	cherché trouvé choisi	le chien l'avion le vélo

C

il a dit qu'il	ne	les	avait	pas	vus lus vendus pris trouvés
		leur			parlé téléphoné demandé défendu écrit

D

avait-il avaient-ils	(déjà)	fini téléphoné écrit parlé gagné	quand tu es arrivé?

La 2CV de Danielle

Savez-vous comment s'appellent les parties différentes d'une voiture?

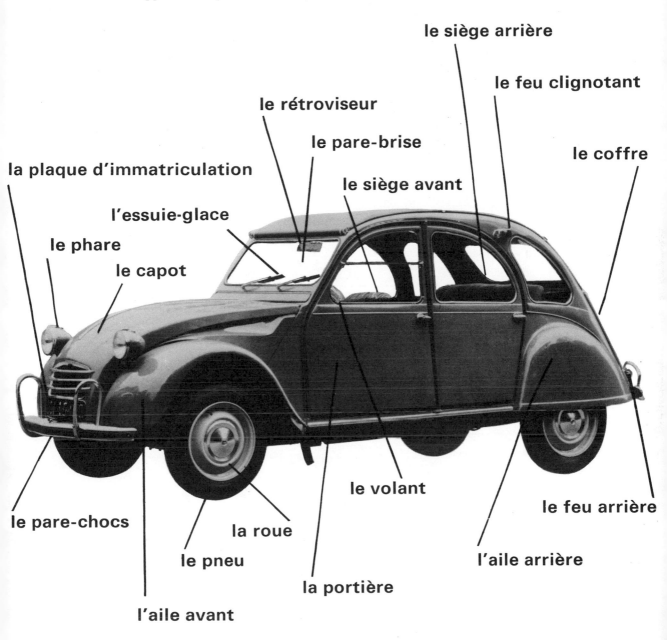

le siège arrière

le feu clignotant

le rétroviseur

le pare-brise

le coffre

la plaque d'immatriculation

le siège avant

l'essuie-glace

le phare

le capot

le pare-chocs

le volant

le feu arrière

la roue

le pneu

l'aile arrière

la portière

l'aile avant

LA COURSE DE PAR

point de départ

| 1 | 2 | 3 |

CREVAISON
manquez un tour
pour mettre la
roue de secours

| 5 | 6 |

| r | q | p | o | n | m | l | k | j | i | h |

CHUTES DE
PIERRES
prenez
ce
détour

| 28 | 27 | | 25 | 24 | 23 |

| 29 |

| a | b | c | d | e | f | g |

DÉPASSEMENT
INTERDIT
jusqu'au
42

| 31 | 32 | 33 |

EXCÈS DE VITESSE
manquez
un tour
pour vous
expliquer avec le
gendarme

50 km

| 35 | 36 |

| 54 | 53 | 52 |

120

S Vous allez faire une course en auto à Paris. Jetez le 6 pour louer une auto. Si vous jetez le 5, manquez un tour.

7

CHAUSSEE DEFORMEE avancez avec 1, 2 ou 3 seulement

9 10 11

AUTOROUTE

avancez jusqu'au 19

13

14

15

IS ETES
I NNE
nquez
X
r's

21 20 19

TRAVAUX manquez un tour

17 16

7

PENTE DANGEREUSE avancez avec 1, 2 ou 3 seulement

39 40 41 42

FEU ROUGE manquez un tour

44

r A PEAGE, jetez 4 pour traverser

50 49 48

PASSAGE A NIVEAU manquez un tour

46 45

L'orage

Jeudi matin le camping municipal d'Ambiers était complètement inondé. La veille il avait plu très fort. La pluie avait continué toute la nuit. En se levant les campeurs avaient vu que le camping était inondé.

On avait téléphoné aux pompiers et ceux-ci travaillaient déjà depuis deux heures à aider ceux qui en avaient besoin.

L'eau coulait en petites rivières du haut en bas du terrain. Les campeurs qui avaient des tentes avaient été obligés de les démonter, et même ceux qui avaient des caravanes avaient eu peur.

Dans un coin du terrain on avait allumé un réchaud à gaz (c'était le seul qui n'était pas sous l'eau) et l'on était en train de préparer une bonne soupe bien chaude pour réchauffer les campeurs.

Avant de téléphoner à *La Dépêche*, Yves avait fait ce qu'il pouvait pour aider les campeurs. Le voici maintenant à l'appareil.

1.	YVES	Allô, Danielle? Yves à l'appareil.
	DANIELLE	Salut, Yves. Qu'est-ce qu'il y a?
	YVES	Ecoute! Je suis au camping. C'est affreux ici. Je vais te raconter ce qui s'est passé – tu pourras l'écrire?
	DANIELLE	D'accord. Attends un instant. Je prends du papier... Ça y est. Vas-y!

2.   YVES   — Je suis arrivé au camping à six heures ce matin. La pluie avait causé des inondations. Tout le terrain était couvert d'eau. C'était comme un lac.

     DANIELLE   Comment as-tu appris ce qui s'était passé là-bas?

     YVES   On avait téléphoné aux pompiers et un de mes camarades qui est pompier m'avait téléphoné tout de suite.

     DANIELLE   Bien, continue.

     YVES   J'ai demandé à Monsieur Luc, directeur du camping, ce qui s'était passé. Il m'a répondu qu'il s'était couché très tard; il dormait déjà quand un coup de tonnerre l'avait réveillé.

Il s'était levé et avait regardé par la fenêtre de sa maison. Ce qu'il avait vu l'avait fort étonné. Il s'était habillé à toute vitesse, a-t-il dit, puis il avait mis une paire de bottes en caoutchouc et s'était précipité vers les tentes.

     DANIELLE   «vers... les... tentes.»

     YVES   Attends un instant. Il y a un hélicoptère qui arrive au camping.

3.   YVES   Bon, ça va maintenant. Je continue: Un groupe de jeunes Allemands, qui étaient arrivés hier, avaient dressé leur tente en bas de la pente. Les pauvres étaient trempés jusqu'aux os, m'a dit M. Luc. Leurs lits étaient mouillés et la moitié de leurs affaires étaient déjà parties dans l'eau. Quand je suis venu à six heures les pompiers étaient déjà arrivés. Ils aidaient les campeurs à sauver leurs tentes et leurs affaires.

     DANIELLE   Il n'y avait pas de blessés?

     YVES   Ah, si – il y avait un petit garçon qui était resté dans sa caravane qui s'était renversée. Il est tombé et s'est cassé la jambe. J'ai dû le porter à l'ambulance.

4.   DANIELLE   Bon, c'est tout? Je voudrais venir prendre des photos.

     YVES   Oui, alors demande à M. Lagard de finir l'article. Il peut ajouter des détails de l'orage – le tonnerre et la foudre avaient continué toute la nuit, la pluie était tombée sans cesse... etc.

     DANIELLE   Oui, entendu. Alors, j'arrive tout de suite.

     YVES   A bientôt.

5. *Quelques minutes plus tard. Danielle arrive au camping.*

     DANIELLE   Ah, te voilà! Quelle horreur!

     YVES   Tu parles! Qu'est-ce que tu veux photographier?

     DANIELLE   J'ai déjà pris une photo de la caravane renversée. J'en voudrais une du camping entier.

     YVES   Alors, si tu montais sur cette pente...

     DANIELLE   D'accord. C'est une bonne idée. Je pourrai voir le terrain entier. Après, je rentrerai tout de suite aux bureaux.

     YVES   Moi, je reste ici pour aider les jeunes Allemands.

Questions A

1a. Où était Yves?
 b. A qui téléphonait-il?
 c. Pourquoi Danielle a-t-elle dit «Attends un instant.»?

2a. A quelle heure Yves était-il arrivé au camping?
 b. De quoi le terrain était-il couvert?
 c. A quoi ressemblait le terrain?
 d. Comment est-ce qu'Yves avait appris ce qui se passait?
 e. Qui était Monsieur Luc?
 f. Qu'est-ce qui avait réveillé M. Luc?
 g. Où dormait-il?
 h. Qu'est-ce qu'il avait mis?
 i. Où s'était-il précipité?
 j. Pourquoi est-ce qu'Yves s'est arrêté de parler un instant?

3a. Qui était arrivé hier?
 b. Où avaient-ils dressé leur tente?
 c. Comment étaient-ils, les jeunes Allemands?
 d. Où étaient leurs affaires?
 e. Qui était arrivé le premier, Yves ou les pompiers?
 f. Est-ce que le petit garçon était sorti?
 g. La caravane était restée debout?
 h. Pourquoi est-ce qu'Yves avait dû porter le petit garçon à l'ambulance?

4a. Que voulait faire Danielle?
 b. Qui allait finir l'article?
 c. Qu'est-ce qui avait continué toute la nuit?

5a. Qu'est-ce que Danielle avait déjà photographié?
 b. Qu'est-ce qu'elle voulait photographier?
 c. Où allait-elle monter pour prendre la photo?
 d. Yves allait accompagner Danielle aux bureaux?

Questions B

Imaginez que vous êtes un des campeurs à Ambiers. Répondez aux questions d'Yves.

1. Vous êtes à Ambiers depuis longtemps?
2. Vous comptez rester jusqu'à quand?
3. Qu'est-ce qui a causé l'inondation?
4. L'inondation a fait beaucoup de dégâts?
5. Personne n'a été blessé?
6. Qu'est-ce que vous avez perdu dans l'inondation?

Imaginez que vous avez fait une promenade à vélo. Un orage vous a surpris. Quand vous rentrez chez vous votre mère vous pose des questions:

1. Tu es trempé jusqu'aux os! Qu'est-ce qui s'est passé?
2. Qui était avec toi?
3. Combien de temps a-t-il duré, l'orage?
4. Pourquoi n'avais-tu pas pris ton imperméable?
5. Qu'est-ce que tu vas faire maintenant?

Exercice 1

Imaginez ce qu'ils avaient déjà fait.

exemple   Il n'était plus au lit.
Il s'était déjà levé.

1. Il ne dormait plus.
2. Il n'était plus sale.
3. Ils n'étaient plus en pyjama.
4. Elle n'était plus assise.
5. Elles n'étaient plus à la maison.
6. Il n'était plus à l'arrêt d'autobus.
7. Elle n'était plus dans le jardin.
8. Elles n'étaient plus dans le train.
9. Il ne pouvait plus faire du ski.
10. Ils n'étaient plus en route.

Exercice 2

Dites ce que vous aviez déjà fait.

exemple
– quand le réveil a sonné.
Je m'étais déjà réveillé quand le réveil a
sonné.

1. – quand on a sonné à la porte.

2. – quand le téléphone a sonné.

3. – quand vous vous êtes levé.

4. – quand vous êtes arrivé.

5. – quand elle est entrée.

6. – quand vous êtes arrivé à la gare.

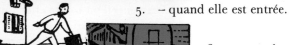

7. – quand l'accident s'est passé.

8. – quand ils sont entrés dans le café.

9. – quand les classes de neige ont commencé.

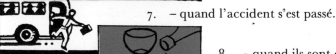

10. – quand elle y est arrivée.

Un malade

Il y a quelques jours, en se levant, Yves ne se sentait pas bien. Il s'était couché tôt l[ ]
veille avec de la fièvre, mais ce matin-là il ne se sentait pas mieux.

Il a demandé à M. Lagard de lui donner le nom d'un médecin sympathique e[ ]
ensuite il s'est rendu chez le docteur.

Après la consultation le médecin lui a donné une ordonnance. Il l'a portée tout d[e]
suite à la pharmacie où le pharmacien lui a préparé des médicaments.

Après avoir reçu ses médicaments il est rentré chez lui et s'est couché. Le lendemai[n]
matin il allait mieux et bientôt il travaillait de nouveau à *La Dépêche*.

En France les malades ont le choix libre d'un médecin et le médecin fixe ses honoraires[.]
Pourtant, comme presque tous les Français sont obligés de payer les «assurance[s]
sociales», cela veut dire qu'on leur rembourse à peu près quatre-vingts pour cent de[s]
frais médicaux.

Le pharmacien français est très fier de s[a]
réputation; il ne se considère pas du tou[t]
comme simple propriétaire de magasi[n.]
Quelquefois il a deux magasins, l'un à côt[é]
de l'autre – la pharmacie où l'on prépar[e]
et vend les médicaments – c'est ici qu'o[n]
trouve le pharmacien lui-même; et l[a]
droguerie, où l'on vend les articles d'hy[-]
giène et de ménage, comme par exemple l[e]
savon, la dentifrice, le shampooing, l[a]
lessive, etc.

Conversations

A. *Chez le docteur*

DOCTEUR   Bonjour monsieur, qu'est-ce qui ne va pas?

YVES   J'ai mal à la tête et j'ai de la fièvre.

DOCTEUR   Depuis quand vous sentez-vous malade?

YVES   Depuis hier soir.

DOCTEUR   Mmm... vous n'avez pas mal à la gorge?

YVES   Si, un peu.

DOCTEUR   Ouvrez la bouche, s'il vous plaît – oui, oui, oui, – merci.

YVES   C'est grave, docteur?

DOCTEUR   Pas trop. Vous avez une angine... Voici une ordonnance. Vous devez rester trois jours au lit.

YVES   Merci beaucoup, docteur, et au revoir.

DOCTEUR   Au revoir, jeune homme.

B.   Répétez la conversation et cette fois mettez *mal à l'estomac* au lieu de *mal à la gorge* et *un embarras gastrique* au lieu d'*une angine*.

C.   Imaginez que vous avez mal partout. Le docteur vous dira que vous avez la grippe.

D. *Chez le pharmacien*

YVES   Bonjour monsieur. J'ai une ordonnance du médecin. La voici.

PHARMACIEN   Merci, monsieur.

YVES   Ça va être long à préparer?

PHARMACIEN   Voyons – non, cinq minutes environ.

Cinq minutes plus tard

PHARMACIEN   Et voilà, Monsieur Mornet. Une cuillerée de cette potion quatre fois par jour et un cachet toutes les quatre heures.

YVES   Merci bien; je voudrais aussi un tube d'aspirine.

PHARMACIEN   Bon, ça fait six francs cinquante.

E.   Répétez la conversation en changeant les détails.

1. Yves doit attendre dix minutes.
2. Il doit prendre deux cuillerées de la potion trois fois par jour.
3. Il doit prendre une pilule toutes les quatre heures.
4. Il voudrait aussi un rouleau de sparadrap.

Composition : Un peu d'histoire

Le quatorze juillet est la Fête Nationale française. Sans doute savez-vous pourquoi. C'est l'anniversaire de la prise de la Bastille en 1789, au commencement de la Révolution française.

Mais en 1793 les révolutionnaires ont commencé à se battre entre eux. Un certain Marat, homme violent et brutal, a fait tuer beaucoup de gens.

Alors, une jeune fille de 25 ans, Charlotte Corday, a pris une résolution. Voici en images ce qui s'est passé.

A

quand Jean est arrivé,	j' / tu	étais	parti(e)
	il	était	parti
	elle		partie
	ils	étaient	partis
	elles		parties
	nous	étions	parti(e)s
	vous	étiez	parti(e)(s)

B

quand Pierre est entré,	je	m'	étais	(déjà)	levé(e)
	tu	t'			couché(e)
	il	s'	était		endormi
	elle				réveillée
	ils		étaient		habillés
	elles				cachées
	nous	nous	étions		lavé(e)s
	vous	vous	étiez		assis(e)(s)

C

j'ai cru / je ne savais pas	qu'il était	parti / venu / arrivé / allé / entré / sorti	très tôt / très tard / de bonne heure
	qu'ils étaient	tombés	par terre
		restés	en ville
		montés	dans l'autobus
		descendus	de l'autobus
		rentrés	à la maison

D

il a dit qu'il	n'y	était	pas	arrivé / entré / allé / resté
	ne s'			assis / couché / levé / dépêché

Vol sans voleurs

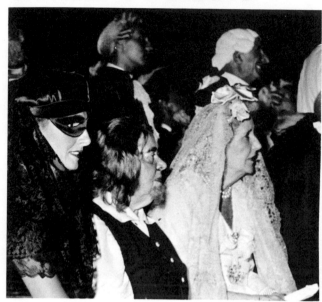 

Une des plus grandes fêtes de l'année en France est la Fête Nationale, célébrée le quatorze juillet en souvenir de la prise de la Bastille en 1789.

Dans toutes les villes et tous les villages de France les habitants célèbrent la fête en allant à la fête foraine, en assistant à des concerts, en dansant dans les rues, en faisant tout ce qu'il y a de plus divertissant.

A Ambiers on va célébrer la Fête Nationale par un bal masqué en plein air, et un grand feu d'artifice sur la terrasse de la Salle des Fêtes. Il y aura aussi, pour les petits, une fête foraine sur le terrain de sports, et pour les jeunes, une fête folklorique dans la Maison des Jeunes. Tout le monde s'amusera bien.

Tous ceux qui vont aller au bal masqué ont acheté un billet à dix francs et on offrira l'argent à l'hôpital d'Ambiers.

Yves et Danielle seront à la Salle des Fêtes, mais pas pour danser; Yves va faire le reportage du bal, et Danielle va prendre des photos des danseurs pour le prochain numéro de *La Dépêche*.

1. *Yves a rencontré M. Boileau au bal.*

YVES	Vous vous amusez bien, monsieur? C'est un beau spectacle, n'est-ce pas?
M. BOILEAU	Bien sûr; j'aime bien les feux d'artifice.
YVES	Voilà des agents masqués. D'où sont-ils venus?
M. BOILEAU	Ils viennent de sortir de la Salle des Fêtes, je crois.
YVES	C'est bizarre, ça! Moi, je vais voir...

2. *Dans la Salle des Fêtes*

YVES	Qu'est-ce qu'il y a? Qu'est-ce qui est arrivé?
LE DIRECTEUR	Il y a eu un vol! On a pris tout l'argent dans mon bureau. On allait l'offrir à l'hôpital.
YVES	Est-ce qu'on a téléphoné à la police?
LE DIRECTEUR	Oui, je viens de téléphoner, mais ils ont dit que l'inspecteur était déjà parti pour venir au bal.
YVES	S'il est masqué comment le reconnaître?
LE DIRECTEUR	Ils ont dit qu'il était habillé en astronaute.

YVES	Mais voilà l'inspecteur qui vient d'arriver. Hé, Monsieur l'inspecteur! Venez! Il y a eu un vol!
LE DIRECTEUR	Mon Dieu! Voilà le maire aussi. Il va entrer avec l'inspecteur...

LE DIRECTEUR	Il y avait au moins six voleurs. J'ai cru qu'ils étaient venus danser.
L'INSPECTEUR	Comment étaient-ils habillés?
LE DIRECTEUR	Je ne sais pas exactement. Il y a eu un éclair au moment où ils sortaient. Je ne les ai pas très bien vus, mais je crois qu'un des voleurs était habillé en agent de police.
YVES	Un éclair? J'ai une idée. Je vais rentrer au bureau.
LE MAIRE	Mon Dieu! Habillé en agent de police, vous dites? Moi, je vais rentrer chez moi.
L'INSPECTEUR	Et moi, je devrai travailler toute la nuit.

Aux bureaux de La Dépêche

YVES	Danielle, tu n'as pas pris de photo d'un groupe d'agents au bal?
DANIELLE	Si, la voici. Les agents sortaient de la Salle des Fêtes quand je l'ai prise.
YVES	Mais ce n'étaient pas de vrais agents. C'étaient des voleurs. Ils ont pris tout l'argent qu'il y avait dans le bureau du directeur. Passe-moi la photo.
DANIELLE	Regarde donc ce garçon. Je le reconnais. C'est Gérard Traille, n'est-ce pas?
YVES	Oui, c'est ça. J'ai parlé avec lui vers onze heures. Il m'a dit qu'il devait partir. Je dois téléphoner à l'inspecteur.
DANIELLE	Tiens! Ça sonne... Allô... Oui... Oui, monsieur, mais... Zut! Il a raccroché. C'était l'inspecteur. On a trouvé l'argent volé à l'hôpital. Il y est allé avec le maire. Il nous a défendu d'imprimer un seul mot de l'histoire.
YVES	Oui, et moi, je sais pourquoi, puisque le maire aussi est allé à l'hôpital. Je vais quand même écrire mon article; j'y ajouterai les détails quand je les aurai demain matin.

Ce que La Dépêche *n'a pas imprimé*

```
                    VOL SANS VOLEURS

                              par Yves Mornet

    Hier soir au bal masqué dans la Salle des Fêtes il y a eu
un vol sans voleurs.  Une bande de 'voleurs', habillés en
agent de police, ont pris l'argent qu'on allait offrir à
l'hôpital.  Je dis 'pris' et non pas 'volé', puisque, une
heure plus tard on a livré l'argent à l'hôpital.

    Les enquêtes de l'Inspecteur Dancourt ont constaté que
c'étaient des étudiants du Collège d'Ambiers qui ont pris
et livré l'argent.  Ils ont été réprimandés par la police
et par le directeur du collège, mais on ne les a pas arr-
êtés.

    Interviewés ce matin, ils ont dit qu'ils avaient pris
l'argent pour empêcher un vrai vol, et pour livrer l'arg-
ent sans risque à l'hôpital.

    Le chef de la bande était Gérard Traille, 18 ans, fils du
Maire d'Ambiers.
```

Questions A

1a. Qui est-ce qu'Yves avait rencontré au bal?
 b. Est-ce que M. Boileau s'amusait bien?
 c. Qu'est-ce qu'il aimait bien?
 d. D'où est-ce que les agents étaient sortis?

2a. Qu'est-ce qu'on avait pris?
 b. A qui est-ce qu'on allait offrir l'argent?
 c. Pourquoi est-ce que le directeur n'avait pas parlé à l'inspecteur?
 d. Comment est-ce que l'inspecteur était habillé?

3a. Combien y avait-il de voleurs?
 b. Comment est-ce qu'un des voleurs était habillé?
 c. Où est-ce qu'Yves allait rentrer?
 d. Qu'est-ce que l'inspecteur devrait faire?

4a. De qui est-ce que Danielle avait pris une photo?
 b. Où était l'argent qu'on avait volé?
 c. Avec qui est-ce qu'Yves avait parlé?
 d. Quand est-ce qu'Yves allait ajouter les détails à son article?

5a. Où était le bal masqué?
 b. Qu'est-ce qu'on avait livré à l'hôpital?
 c. Est-ce que les «voleurs» étaient vraiment des voleurs?
 d. Pourquoi avaient-ils pris l'argent?

Questions B

Imaginez que vous êtes un des «voleurs» et que l'inspecteur vous interroge.

1. Où étiez-vous à onze heures hier soir?
2. Qu'est-ce que vous y faisiez?
3. Comment étiez-vous habillé?
4. Avec qui avez-vous parlé pendant la soirée?
5. Avec qui êtes-vous allé au bal?
6. A quelle heure êtes-vous parti du bal?
7. Où êtes-vous allé? Pourquoi?
8. A quelle heure êtes-vous rentré chez vous?
9. Personne ne vous a vu entrer chez vous?
10. Qu'est-ce que Gérard Traille vous a dit quand il vous a téléphoné ce matin?

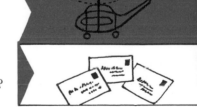

Exercice 1

1. Qu'est-ce que vous allez faire?

2. Qu'est-ce que vous ferez au bord de la mer?

3. Qu'est-ce que vos amis ont fait à dix heures hier soir?

4. Qu'est-ce que votre père faisait quand il était jeune?

5. Qu'est-ce que vous achèteriez si vous étiez riche?

6. Qui avait déjà commencé son travail quand vous vous êtes réveillé ce matin?

7. Qu'est-ce que vous venez de voir?

8. Qu'est-ce que votre mère venait de trouver quand vous êtes descendu ce matin?

Exercice 2

Qu'est-ce qu'on avait demandé?

1. Oui, je l'ai mise à la poste cet après-midi.
2. D'abord je téléphonerais aux sapeurs-pompiers, puis j'aiderais à l'éteindre.
3. Oui, il nous en a apporté trois, et un paquet aussi.
4. Mais oui, je me lave tous les jours!
5. Non, mais il fumait la pipe quand il était très jeune.
6. Quelle bonne idée! Je vais chercher mon maillot de bain.
7. J'achèterais un vélomoteur.
8. Pas beaucoup; je regarderai la télévision, peut-être, mais je vais me coucher de bonne heure.
9. Oui, nous allons passer deux semaines au bord de la mer.
10. Il est midi moins le quart.

Danielle était en vacances à Nice, sur la côte méditerranéenne. Elle faisait le tour du Midi en route pour l'Espagne, où elle allait passer quelques jours chez une amie espagnole.

Puisqu'elle faisait du tourisme Danielle n'avait pas retenu sa chambre à l'avance. Elle s'est donc rendue au Syndicat d'Initiative pour se renseigner sur les hôtels et restaurants de la ville.

Elle a consulté la liste d'hôtels et s'est dirigée vers l'hôtel Taride, petit hôtel confortable tout près de la plage. Arrivée à l'hôtel, Danielle a demandé à la propriétaire si elle avait une chambre pour une personne pour deux nuits. Heureusement il y en avait une au quatrième étage, et Danielle l'a prise, contente d'avoir trouvé assez facilement une chambre libre.

Elle a rempli la fiche que chaque voyageur doit remplir dans un hôtel français. Puis un garçon a pris sa valise pour la monter dans la chambre. Danielle l'a suivi vers l'ascenseur. Quelques instants plus tard ils sont entrés dans la chambre numéro quarante-six, et le garçon a mis la valise sur une chaise. Danielle n'a pas oublié de lui donner un pourboire. Il l'a remerciée, puis il est parti, laissant Danielle seule dans la chambre.

C'était une petite chambre propre avec une salle de bain particulière. Dans la salle de bain il y avait une baignoire et une douche. Il y avait aussi un lavabo dans la chambre. La fenêtre donnait sur la plage et sur le petit port. Danielle était contente. A trente-cinq francs par jour ça coûtait assez cher, mais la chambre était confortable et d'ailleurs, elle était en vacances...

Conversations

A. *A l'hôtel*

PROPRIETAIRE	Bonjour, mademoiselle. Vous désirez...?
DANIELLE	Avez-vous une chambre pour une personne?
PROPRIETAIRE	Combien de temps allez-vous rester?
DANIELLE	Deux jours, je crois.
PROPRIETAIRE	Oui, mademoiselle; j'ai une chambre au quatrième étage avec salle de bain particulière. Elle donne sur la plage; vous aurez une vue magnifique.
DANIELLE	Elle est à combien?
PROPRIETAIRE	A trente-cinq francs par jour.
DANIELLE	Vous n'avez rien de moins cher?
PROPRIETAIRE	Non, mademoiselle, je regrette. Les autres chambres sont toutes occupées.
DANIELLE	Alors, je la prends. Le petit déjeuner est compris?
PROPRIETAIRE	Oui, service, taxes et petit déjeuner compris. Voulez-vous remplir la fiche de voyageur, s'il vous plaît?
DANIELLE	Très bien.
PROPRIETAIRE	Je vais faire monter votre valise. Henri!
HENRI	Oui.
DANIELLE	Voilà la fiche, madame.
PROPRIETAIRE	Merci, mademoiselle. Henri, veux-tu monter la valise de mademoiselle?
HENRI	Bon.
PROPRIETAIRE	C'est la chambre numéro quarante-six.
HENRI	Oui.
PROPRIETAIRE	Ah, ce personnel!

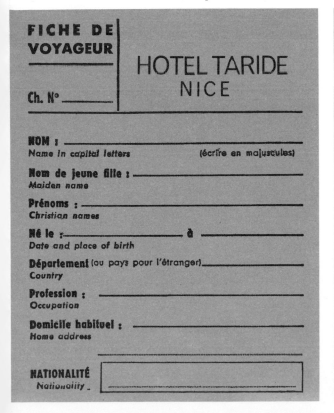

Conversations

Imaginez les réponses aux questions dans les conversations suivantes.

B. DANIELLE Avez-vous une chambre pour une personne?

PROPRIETAIRE

DANIELLE Pour une semaine peut-être. Elle est à combien?

PROPRIETAIRE

DANIELLE Vous n'avez rien de moins cher?

PROPRIETAIRE

DANIELLE Bon. Je la prends. Le service est compris?

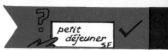

PROPRIETAIRE

C. PROPRIETAIRE Voulez-vous remplir la fiche de voyageur,
s'il vous plaît?

DANIELLE

PROPRIETAIRE Merci. Vous voulez dîner maintenant?

DANIELLE

PROPRIETAIRE Vous aurez la chambre numéro onze.
Je vous ai déjà donné la clef?

DANIELLE

A

cet après-midi	je vais	jouer	au tennis	la semaine prochaine	je jouerai	au volleyball
		acheter	une robe		j'achèterai	des chaussures
		écrire	une carte		j'écrirai	une lettre
		envoyer	des lettres		j'enverrai	des paquets

B

quand j'irai	en vacances	je visiterai	l'Angleterre
si je vais			l'Italie
			la Suisse
quand j'aurai	assez d'argent		l'Allemagne
si j'ai			

C

si elle	était	riche	elle	visiterait	Paris
	n'était pas	pauvre		achèterait	une auto
	avait	de l'argent		mangerait	bien
				ne travaillerait pas	au marché

D

quand	je suis parti à midi / il est entré	tout le monde	regardait la télévision / travaillait beaucoup / buvait du café / écoutait des disques
	j'étais jeune / nous étions jeunes		

E

j'ai cru / il a dit / nous ne savions pas / j'étais sûr	qu'	il avait pris l'argent / elle était partie en autobus / ils s'étaient couchés de bonne heure / Yves avait trouvé les voleurs

F

vous	attendiez / étiez là	depuis longtemps?	non, je venais	d'arriver
	travailliez / écriviez			de commencer

LA DEPECHE D'AMBIERS

AMBIERS EN VACANCES

Pour ce numéro spécial nos reporters sont allés voir quelques habitants de notre ville en vacances au bord de la mer, à la campagne ou à l'étranger.

Au bord de la mer

Beaucoup de familles ont choisi, bien entendu, de passer leurs vacances au bord de la mer, en Bretagne, dans le Midi de la France, en Espagne ou en Italie. Par exemple, le docteur Léon Boivin, Mme Boivin et leurs enfants, Janine (9 ans), Pierre (7 ans), et Michel (4 ans) se sont installés, il y a quelques jours, dans une jolie maison à quelques mètres de la plage de La Baule, en Bretagne.

Les enfants s'amusent bien. Michel, le plus jeune, a encore un peu peur de l'eau, mais les deux autres ont déjà appris à nager. Il y a un club pour les enfants, organisé par quelques étudiants. Samedi prochain aura lieu un concours de châteaux de sable et les jeunes Boivin ont l'intention de gagner le grand prix.

Le docteur Boivin aime jouer aux boules, tandis que sa femme préfère simplement prendre le soleil sur la plage. La famille sera de retour à Ambiers vers la fin août.

En montagne

Une centaine de nos écoliers, âgés de six à quatorze ans, enfants des ouvriers de la fabrique *Chevron*, passent le mois d'août en colonie de vacances. Pour eux c'est quatre semaines de loisirs dans une vieille maison confortable au milieu des forêts des Vosges.

Les enfants sortent souvent en promenade, font des pique-niques dans les montagnes, ou jouent sur le terrain de sports de la colonie. Quand il fait très chaud ils ont le droit de se baigner dans un lac qui se trouve à cinq cents mètres de la maison.

Chaque dimanche quelques parents viennent voir leurs enfants, qui se reposent sous la surveillance du Directeur, M. Bellac, et des moniteurs et monitrices, qui sont tous des étudiants à l'Université de Strasbourg.

Ambiers en vacances (suite)

L'année dernière, dans notre reportage sur la colonie, nous avons dit que M. Bellac avait besoin d'un réfrigérateur. «Cette année, nous a dit le Directeur, tout va bien, parce qu'un frigo vient d'être installé dans la cuisine. Tout arrive à qui sait attendre. Nos remerciements au lecteur inconnu de *La Dépêche* qui a offert le frigo.»

Pas de problème avec une caravane

M. Albert Traille, maire d'Ambiers, vient de partir en direction de l'Espagne avec sa famille. «Nous sommes libres d'aller là où nous voulons, nous a dit M. Traille, sans nous soucier de savoir si nous arriverons à temps pour le dîner ou si nous trouverons une chambre à coucher... Nous sommes vraiment en vacances.»

Grand Tour

Notre reporter, Yves Mornet, est allé en Autriche interviewer un groupe d'étudiants du Collège d'Ambiers. Les jeunes sont partis il y a deux semaines pour faire un tour d'Europe en autocar. Ils ont déjà visité la Suisse et l'Italie. Après avoir passé une semaine chez les lycéens autrichiens ils vont visiter l'Allemagne et la Belgique.

Chaque membre du groupe doit écrire dans son propre journal ses impressions du voyage. *La Dépêche* va offrir un prix pour le meilleur journal; nous espérons aussi imprimer les meilleures photos.

Bonnes Vacances!

Au mois d'août Ambiers, comme toutes les villes françaises, est abandonnée par la plupart de ses habitants – les boulangers, les bouchers, les pharmaciens, les médecins, les enfants. Mais pour beaucoup de nos concitoyens la grande saison de travail a commencé. Pensons aux policiers, qui doivent assurer la sécurité des routes remplies de millions de vacanciers qui vont vers la mer et le soleil. Pensons aux garçons de restaurant, aux employés d'hôtel, aux conducteurs d'autocar et de train.

Il faut dire qu'il y a des milliers de travailleurs pour qui le mois d'août n'a rien apporté que du travail.

Bonnes vacances à tous nos concitoyens qui sont partis vers le soleil, bonnes vacances et bienvenue à tous les touristes venus des quatre coins du monde, qui donnent à Ambiers abandonnée de ses propres habitants l'impression d'être très vivante. Mais n'oublions pas ceux qui nous aident à nous reposer. Nous les remercions et nous leur souhaitons bonnes vacances à leur tour!

ACTUALITES

UN HOLD-UP RATE

Une tentative de hold-up a raté hier matin à Tours, dans le quartier de la gare. Vers 10 heures un jeune homme s'est présenté à la caisse d'une banque et a demandé de l'argent en menaçant d'un revolver l'employé de service. Celui-ci a appuyé sur la sonnette d'alarme et le bandit a disparu sans argent.

Peu après il a été arrêté en essayant de monter dans un train.

Il s'agit de Jean Patou, 19 ans, ouvrier, demeurant à Orléans. Un revolver a été trouvé dans ses bagages. C'est un jouet d'enfant en plastique.

Le noyé dînait chez lui

Hier deux campeurs ont vu un vieillard qui pêchait assis dans un bateau pneumatique. Il avait l'air de dormir. Un quart d'heure plus tard les campeurs sont revenus. Le bateau était toujours là, et la canne à pêche aussi, mais le pêcheur avait disparu. Les campeurs ont téléphoné à la police. On a cherché dans l'eau pendant deux heures sans rien trouver. Enfin le pêcheur est revenu chercher sa canne qu'il avait oubliée. Il a appris avec le plus grand étonnement la nouvelle de l'accident!

Le nouvel hôpital d'Ambiers

Nous pouvons constater que la construction de l'hôpital va commencer vers la fin août.

L'hôpital sera situé assez près du Collège, à côté du vieil hôpital, qui est déjà trop petit. Il y aura cent lits, dont vingt seront pour la maternité.

Ecole détruite

Les habitants du village de Champfleury se sont réveillés hier matin pour trouver que l'école du village avait été complètement détruite par un incendie mystérieux. Heureusement la maison de l'instituteur et la Mairie, qui se trouvent à côté de l'école, restent intactes. Les écoliers de Champfleury ne vont pas profiter de vacances supplémentaires, parce qu'on a l'intention de faire construire une nouvelle école préfabriquée avant la fin du mois.

Naissance

C'est avec plaisir que nous avons appris la naissance d'Etienne Alain, premier enfant de M. Alphonse Pinot, ingénieur, et de Mme, née Traille. Nous exprimons nos meilleurs vœux de prospérité pour le nouveau-né et présentons nos félicitations aux heureux parents.

Un toit de toile pour l'été

Tout le monde fait du camping cette année. Beaucoup de nos concitoyens sont partis pour s'installer sous la tente au bord de la Méditerranée; chaque jour des touristes étrangers dressent leurs tentes sur le terrain de camping municipal d'Ambiers.

Nous avons parlé avec M. Luc, directeur du camping, qui a pu nous dire que le camping devient de plus en plus populaire. A la suite de l'inondation du mois de mai, le terrain est encore une fois tout prêt pour recevoir jusqu'à cent caravanes et deux cents tentes.

«Pour assurer de bonnes vacances aux campeurs, nous a dit M. Luc, il faut avant tout penser au confort et à la tranquillité des visiteurs. Si le touriste a choisi le camping, c'est pour se reposer en paix et pour être plus libre. On ne devrait pas dépasser un certain nombre de tentes et de caravanes; chez nous il y a au moins 150 mètres carrés pour chaque famille.»

M. Luc nous a montré les nouvelles installations du camping; les blocs sanitaires avec douches, toilettes et bacs à laver, la grande piscine, le restaurant libre-service et le supermarché, le terrain de jeux pour les enfants. A vrai dire les touristes qui viennent faire un séjour au camping d'Ambiers auront tout ce dont on a besoin pour un confort complet.

Sauf au mois d'août, on entend parler étranger plus que français au camping. En juin ce sont les Allemands qui arrivent; en juillet les Belges et les Suédois, suivis par les Anglais.

Le camping, créé en 1954 dans un verger, a toujours ses arbres fruitiers. Voilà du vrai camping; pour tous les campeurs les fruits sont à portée de la main!

LA DEPECHE GASTRONOMIQUE

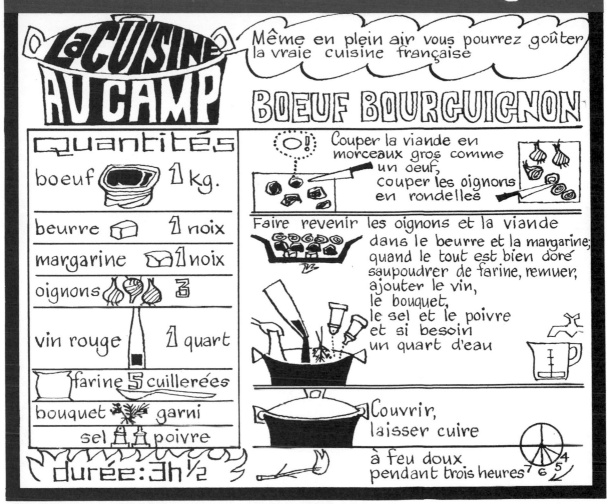

NOS PETITES ANNONCES

Cinéma Rex fermeture annuelle. Réouverture à partir du 12 août.

Cinéma Mecca, Belleville. Il faut voir et revoir «Les Enfants du Cirque», comédie italienne, version française, en couleurs. Trois séances 14h 30, 17h 45, 21h. Venez rire avec nous.

Voulez-vous jouer de la guitare? Cours spéciaux, six séances pour débutants. Ecrivez Mélodia, Avenue Foch, Ambiers. Tél: 46 22.

La Fête de Belleville

La Fête de Belleville aura lieu dimanche le 12 août. Ouverture à 2h. Concours de pêche, dancing en plein air, musique des Vagabonds Joyeux.

GRAND CHOIX
de guitares,
accordéons,
radios,
téléviseurs,
disques,
machines à laver
catalogue sur demande à
PAUL CLAVEL
Bainville.
Tel: 17-63

Journal des Sportifs

NATATION

Deux records ont été battus hier soir à la piscine d'Ambiers, où les jeunes nageurs de la région ont établi le nouveau record du 100m. nage libre, et les filles aussi ont battu l'ancien record. Christiane Despuys a nagé le 100m. papillon en 1′ 17″ 9/10. Nos félicitations à nos jeunes champions.

BASKETBALL – GROSSE SURPRISE

Chevron a gagné le match contre le Sporting-Club du Centre par 55 à 25. Chevron rencontrera l'Athlétique-Ambiers en finale dimanche prochain.

GAZELEC AMBIERS – SPORTS

En vue de la préparation de la nouvelle saison tous les membres, ainsi que les nouveaux joueurs, sont invités à la prochaine réunion de la section de football. Cette réunion aura lieu 2, rue Descartes, le mercredi 15 août de 18h.30 à 20h.

Tous les membres de la section sont priés de se présenter à la réunion.

AUTOMOBILISME

Un Rallye-surprise ouvert à tous les jeunes, même ceux qui n'ont pas de voiture, aura lieu dimanche prochain. Pour tous renseignements téléphoner à Mlle Danielle Lefèvre, Ambiers 64 19.

Horace travaille dans le jardin

FLASH-FLASH-FLASH

Près d'Ambiers un car de touristes heurte un arbre—huit personnes blessées, dont deux gravement. Le conducteur n'avait pas dormi pendant la nuit—les touristes voulaient arriver à la Côte d'Azur le plus vite possible.

≡ TELE-RADIO ≡

Sélection de programmes pour nos jeunes lecteurs en vacances.

Télé

1ère Chaîne
lundi 10h 30 – 12h.
  Radio-Télé-Bac.
  Sciences physiques
  Espagnol élémentaire
  Mathématiques

mercredi 15h.
  Informations-Vacances
  Tous les loisirs proposés, dans les différentes régions françaises à l'attention des jeunes en vacances.

jeudi 15h.
  Le jeune ingénieur.
  — Savez-vous qu'en vacances vous pouvez tout apprendre sur les mystères d'un moteur?

mardi 20h 30
  «L'Eté, l'Automne»
  un film de Jacques Prêtre.
  Monique et Jean sont deux jeunes gens de 18 ans, qui habitent Nice. Ils sont tous membres de la même bande de copains. L'été arrive, les examens sont terminés, l'année prochaine, chacun travaillera de son côté...

Verb tables

Regular verbs

A

-ER INFINITIF: **donner** *to give*		PRESENT		IMPARFAIT	FUTUR	CONDITIONNEL
PARTICIPE. PRESENT donn**ant**	je	donn	e	donn ais	donner ai	donner ais
	tu		es	ais	as	ais
	il		e	ait	a	ait
	elle		e	ait	a	ait
IMPERATIF	nous		ons	ions	ons	ions
donn**e**	vous		ez	iez	ez	iez
donn**ons**	ils		ent	aient	ont	aient
donn**ez**	elles		ent	aient	ont	aient

PARTICIPE PASSE		PASSE COMPOSE		PLUS-QUE-PARFAIT		
donn**é**	j'	ai	donné	av ais	donné	
	tu	as		ais		
	il	a		ait		
	elle	a		ait		
	nous	avons		ions		
	vous	avez		iez		
	ils	ont		aient		
	elles	ont		aient		

B

-IR INFINITIF: **finir** *to finish*		PRESENT		IMPARFAIT	FUTUR	CONDITIONNEL
PARTICIPE PRESENT fin**issant**	je	fin	is	finiss ais	finir ai	finir ais
	tu		is	ais	as	ais
	il		it	ait	a	ait
	elle		it	ait	a	ait
IMPERATIF	nous		issons	ions	ons	ions
fin**is**	vous		issez	iez	ez	iez
fin**issons**	ils		issent	aient	ont	aient
fin**issez**	elles		issent	aient	ont	aient

PARTICIPE PASSE		PASSE COMPOSE		PLUS-QUE-PARFAIT		
fin**i**	j'	ai	fini	av ais	fini	
	tu	as		ais		
	il	a		ait		
	elle	a		ait		
	nous	avons		ions		
	vous	avcz		iez		
	ils	ont		aient		
	elles	ont		aient		

C

-RE INFINITIF: **vendre** *to sell*		PRESENT	IMPARFAIT	FUTUR	CONDITIONNEL
PARTICIPE PRESENT vend**ant**	je	vend s	vend ais	vendr ai	vendr ais
	tu	s	ais	as	ais
	il		ait	a	ait
	elle		ait	a	ait
IMPERATIF vend**s** vend**ons** vend**ez**	nous	ons	ions	ons	ions
	vous	ez	iez	ez	iez
	ils	ent	aient	ont	aient
	elles	ent	aient	ont	aient

PARTICIPE PASSE vend**u**		PASSE COMPOSE		PLUS-QUE-PARFAIT	
	j'	ai	vendu	av ais	vendu
	tu	as		ais	
	il	a		ait	
	elle	a		ait	
	nous	avons		ions	
	vous	avez		iez	
	ils	ont		aient	
	elles	ont		aient	

D Verbs of motion conjugated with 'être'

INFINITIF: **aller** *to go*		PASSE COMPOSE		PLUS-QUE-PARFAIT	
je (j')		suis	all é(e)	ét ais	all é(e)
tu		es	é(e)	ais	é(e)
il		est	é	ait	é
elle		est	ée	ait	ée
nous		sommes	é(e)s	ions	é(e)s
vous		êtes	é(e) (s)	iez	é(e) (s)
ils		sont	és	aient	és
elles		sont	ées	aient	ées

like **aller:**	**entrer**	**partir**	**sortir**	N.B. these verbs and their compounds are conjugated with avoir when they have a direct object:
arriver	**monter**	**rester**	**tomber**	
descendre	**mourir**	**retourner**	**venir** and **compounds**	**descendre; entrer; monter; sortir.**

E Reflexive verbs

INFINITIF: **se laver** *to wash*			PRESENT		FUTUR		PASSE COMPOSE			PLUS-QUE-PARFAIT			
PARTICIPE PRESENT me lavant, etc.	je	me	lav e	me	laver ai	je	me	suis	lav é(e)	je	m'	ét ais	lav é(e)
	tu	te	es	te	as	tu	t'	es	é(e)	tu	t'	ais	é(e)
	il	se	e	se	a	il	s'	est	é	il	s'	ait	é
	elle	se	e	se	a	elle	s'	est	ée	elle	s'	ait	ée
IMPERATIF lave-toi lavons-nous lavez-vous	nous	nous	ons	nous	ons	nous	nous	sommes	é(e)s	nous	nous	ions	é(e)s
	vous	vous	ez	vous	ez	vous	vous	êtes	é(e) (s)	vous	vous	iez	é(e) (s)
	ils	se	ent	se	ont	ils	se	sont	és	ils	s'	aient	és
	elles	se	ent	se	ont	elles	se	sont	ées	elles	s'	aient	ées

F -ER verbs with stem changes

i) **acheter** (*to buy*) requires **è** when the following syllable contains mute **e**.		ii) **appeler** (*to call*) requires **ll** when the following syllable contains mute **e**.	
PRESENT	FUTUR ET CONDITIONNEL	PRESENT	FUTUR ET CONDITIONNEL
j'achète	j'achèterai — j'achèterais	j'appelle	j'appellerai — j'appellerais
tu achètes	tu achèteras — tu achèterais	tu appelles	tu appelleras — tu appellerais
il achète	il achètera — il achèterait	il appelle	il appellera — il appellerait
	nous achèterons — nous achèterions		nous appellerons — nous appellerions
	vous achèterez — vous achèteriez		vous appellerez — vous appelleriez
ils achètent	ils achèteront — ils achèteraient	ils appellent	ils appelleront — ils appelleraient
like **acheter: lever**		like **appeler: jeter**	

iii) **espérer** (*to hope*) requires **è** before mute endings.	iv) **nettoyer** (*to clean*) requires **i** before a syllable containing mute **e**.		
PRESENT	PRESENT	FUTUR ET CONDITIONNEL	
j'espère	je nettoie	je nettoierai — je nettoierais	
tu espères	tu nettoies	tu nettoieras — tu nettoierais	
il espère	il nettoie	il nettoiera — il nettoierait	
		nous nettoierons — nous nettoierions	
		vous nettoierez — vous nettoieriez	
ils espèrent	ils nettoient	ils nettoieront — ils nettoieraient	
like **espérer: régler; répéter**	like **nettoyer: employer; envoyer** (futur **j'enverrai**)		
	In verbs ending in **-ayer**, e.g. **essayer, payer,** the change is optional: je paie or je paye.		

v) **manger** (*to eat*) requires **ge** before **o** or **a**.		vi) **commencer** (*to begin*) requires **ç** before **o** or **a**.	
e.g. PRESENT nous mangeons	IMPARFAIT je mangeais	e.g. PRESENT nous commençons	IMPARFAIT je commençais
like **manger: changer; déranger; diriger; nager; obliger; ranger.**		like **commencer: annoncer; avancer; lancer; menacer; prononcer**	

G Common irregular verbs

The irregular parts of each verb are shown in the second colour.

INFINITIF ET PARTICIPE PRESENT	IMPERATIF	PRESENT		IMPARFAIT	FUTUR ET CONDITIONNEL	PASSE COMPOSE
aller allant *to go*	**va** allons allez	**vais** allons **vas** allez **va** vont		allais	**irai** **irais**	suis allé(e)
s'asseoir asseyant *to sit down*	assieds-toi asseyons-nous asseyez-vous	**assieds asseyons** **assieds asseyez** **assied asseyent**		asseyais	**assiérai** **assiérais**	suis **assis(e)**
avoir **ayant** *to have*	**aie** **ayons** **ayez**	**ai** avons **as** avez **a ont**		avais	**aurai** **aurais**	ai **eu**
boire buvant *to drink*	bois buvons buvez	**bois buvons** **bois buvez** **boit boivent**		buvais	boirai boirais	ai **bu**
conduire conduisant *to drive*	conduis conduisons conduisez	conduis **conduisons** conduis **conduisez** conduit **conduisent**		conduisais	conduirai conduirais	ai **conduit**
connaître connaissant *to know*	connais connaissons connaissez	**connais connaissons** **connais connaissez** connaît **connaissent**		connaissais	connaîtrai connaîtrais	ai **connu**
courir courant *to run*	cours courons courez	**cours courons** **cours courez** **court courent**		courais	**courrai** **courrais**	ai **couru**
croire croyant *to believe*	crois croyons croyez	crois croyons crois croyez croit croient		croyais	croirai croirais	ai **cru**
devoir devant *to have to (must), owe*	dois devons devez	**dois** devons **dois** devez **doit doivent**		devais	**devrai** **devrais**	ai **dû**
dire disant *to say, tell*	dis disons dites	dis **disons** dis **dites** dit disent		disais	dirai dirais	ai **dit**
dormir dormant *to sleep*	dors dormons dormez	**dors dormons** **dors dormez** **dort dorment**		dormais	dormirai dormirais	ai dormi
écrire écrivant *to write*	écris écrivons écrivez	écris **écrivons** écris **écrivez** écrit **écrivent**		écrivais	écrirai écrirais	ai **écrit**
envoyer envoyant *to send*	envoie envoyons envoyez	envoie envoyons envoies envoyez envoie envoient		envoyais	**enverrai** **enverrais**	ai envoyé
être étant *to be*	**sois** **soyons** **soyez**	**suis sommes** **es êtes** **est sont**		étais	serai serais	ai **été**

faire faisant *to do, make*	fais faisons faites	fais **faisons** fais **faites** fait **font**	faisais	**ferai** **ferais**	ai **fait**
falloir *to be necessary*		il **faut**	il fallait	il **faudra** il **faudrait**	il a **fallu**
lire lisant *to read*	lis lisons lisez	lis **lisons** lis **lisez** lit **lisent**	lisais	lirai lirais	ai **lu**
mettre mettant *to put*	mets mettons mettez	**mets** mettons **mets** mettez **met** mettent	mettais	mettrai mettrais	ai **mis**
ouvrir ouvrant *to open*	ouvre ouvrons ouvrez	**ouvre ouvrons** **ouvres ouvrez** **ouvre ouvrent**	ouvrais	ouvrirai ouvrirais	ai **ouvert**
pleuvoir pleuvant *to rain*		il **pleut**	il pleuvait	il **pleuvra** il **pleuvrait**	il a **plu**
pouvoir pouvant *to be able to (can)*		**peux** pouvons **peux** pouvez **peut peuvent** (N.B. **puis-je?**)	pouvais	**pourrai** **pourrais**	ai **pu**
prendre prenant *to take*	prends prenons prenez	prends **prenons** prends **prenez** prend **prennent**	prenais	prendrai prendrais	ai **pris**
recevoir recevant *to receive*	reçois recevons recevez	**reçois** recevons **reçois** recevez **reçoit reçoivent**	recevais	**recevrai** **recevrais**	ai **reçu**
rire riant *to laugh*	ris rions riez	ris rions ris riez rit rient	riais (N.B. riions riiez)	rirai rirais	ai **ri**
savoir **sachant** *to know*	**sache** **sachons** **sachez**	**sais** savons **sais** savez **sait** savent	savais	**saurai** **saurais**	ai **su**
sortir sortant *to go out*	sors sortons sortez	**sors sortons** **sors sortez** **sort sortent**	sortais	sortirai sortirais	suis sorti(e)
suivre suivant *to follow*	suis suivons suivez	**suis** suivons **suis** suivez **suit** suivent	suivais	suivrai suivrais	ai **suivi**
venir venant *to come*	viens venons venez	**viens venons** **viens venez** **vient viennent**	venais	**viendrai** **viendrais**	suis **venu**(e)
voir voyant *to see*	vois voyons voyez	**vois voyons** **vois voyez** **voit voient**	voyais	**verrai** **verrais**	ai **vu**
vouloir voulant *to wish, want*	**veuille** **veuillons** **veuillez**	veux voulons veux voulez veut veulent	voulais	**voudrai** **voudrais**	ai **voulu**

N.B. The numbers after the English meaning indicate the unit in which the word first occurs. If no number is given the word has been re-introduced from Stages 1 and 2.

G = Le Guide d'Ambiers

à, to, at
abandonner, to abandon (16)
un abbé, father (priest) (12)
d'abord, first, at first
accepter, to accept (9)
un accident, accident
• **accompagner,** to go with
d'accord, I agree, all right, etc.
être—, to be in agreement
un accordéon, accordion
achats, faire des—, to do some shopping
acheter, to buy
un acteur, actor (12)
l'action, f, action (9)
l'activité, f, activity (15)
les actualités, m pl, news (12)
une addition, bill (2)
admirablement, admirably (8)
adorer, to adore (6)
une adresse, address
s'adresser à, to apply to (4)
les affaires, f pl, things
une affiche, notice
afficher, to display (9)
affreux; affreuse, frightful (8)
l'âge, m, age
âgé(e), old (8)
—de, aged (12)
l'Agence Atomique, the Atomic Energy Authority (French) (2)
un agent, policeman
—secret, secret agent (11)
il s'agit de, the man in question (16)
agréable, pleasant
aider, to help
d'ailleurs, moreover
aimable, kind, nice
aimer, to like, to love
aîné(e), elder, eldest (2)
ainsi, thus, so (8)
—que, as well as (16)
l'air, m, air
en plein—, in the open air
avoir l'—, to seem
d'un—étonné, in astonishment (1)
ajouter, to add (4)
un album, album
l'Allemagne, f, Germany
allemand(e), German (5)
un(e) Allemand(e), a German

aller, to go
—chercher, to fetch, to go and meet, to go and find
—mieux, to be better
—à la pêche, to go fishing
les Alliés, m pl, the Allies (4)
allô! hello! (on telephone) (7)
allumer, to switch on, to light (6)
une allumette, match
alors, then, so (8)
une ambulance, ambulance (14)
un(e) Américain(e), an American
un(e) ami(e), friend
s'amuser, to enjoy oneself
un an, year
ancien(ne), old, former (16)
une angine, tonsillitis (14)
anglais(e), English
un(e) Anglais(e), an Englishman (woman)
l'Angleterre, f, England
un animal (pl **animaux**), animal
un anneau (pl **anneaux**), ring (11)
une année, year
un anniversaire, birthday, anniversary (14)
une annonce, advertisement (4)
annuel(le), annual (12)
août, August
un apéritif, apéritif
un appareil, camera (7)
un appartement, flat
un appel, call (12)
appeler, to call
s'—, to be called
apporter, to bring
apprendre, to learn (3)
(s')approcher (de), to approach
appuyer, to press
après, after
après-demain, the day after tomorrow
l'après-midi, m, afternoon
apte, capable (7)
un arbitre, referee (8)
un arbre, tree
—fruitier, fruit-tree (1)
l'argent, m, money
une armoire, cupboard
une arrestation, arrest (11)
un arrêt (d'autobus), bus-stop
(s')arrêter, to stop, to arrest
l'arrière, m, back (7)

j'arrive, I'm coming
—qui peut, come what may (12)
l'arrivée, f, arrival
arriver, to arrive, to happen
un article, article (7)
un artiste, artist
un ascenseur, lift (15)
un aspirateur, vacuum cleaner (6)
l'aspirine, f, aspirin (14)
assassiner, to kill (11)
l'assaut, m, assault (4)
s'asseoir, to sit down
assez, fairly, quite
—de, enough
une assiette, plate
assis(e), être—, to be sitting
un assistant, assistant (8)
assister à, to attend, to be present at, to go to (4)
les assurances sociales, National Insurance (French) (14)
assurer, to assure (11), to ensure (16)
un astronaute, astronaut (15)
attaquer, to attack
attendre, to wait (for)
attention! look out!
faire—, to be careful (10)
l'—, f, attention (11)
à l'—de, for the attention of (16)
un attrait, attraction (4)
attraper, to catch
au revoir, goodbye
une auberge de jeunesse, youth hostel
aucun(e), any, no, not any (8)
aujourd'hui, today
auparavant, previously (13)
aussi, also, too
aussitôt, at once
une auto, car
en—, by car
faire une promenade en—, to go for a drive
un autobus, bus
en—, by bus
un autocar, motor coach (16)
automatique(ment), automatic(ally) (7)
l'automne, m, autumn
en—, in autumn
l'automobilisme, m, motoring (16)

une **autoroute,** motorway (13)
   autour de, around
   autre, other
   —chose, something else (4)
l'**Autriche,** *f,* Austria (16)
   autrichien(ne), Austrian (16)
à l'**avance,** in advance (15)
(s')**avancer,** to go forward (4)
   avant (de), before
   avec, with
une **aventure,** adventure (8)
une **avenue,** avenue (G)
un **avion,** plane
un **avis,** notice (13)
   à l'**—de,** in the opinion of (9)
   changer d'—, to change one's
   mind (13)
   avoir, to have
     —l'air, to seem
     —besoin de, to need
     —chaud, to be warm, hot
     —le droit de, to be entitled to (5)
     —faim, to be hungry
     —froid, to be cold
     —l'habitude de, to be in the habit of
     —honte, to be ashamed (12)
     —l'intention (de), to intend (to) (10)
     —lieu, to take place
     —mal à l'estomac, to have
     stomach ache (14)
     —mal à la gorge, to have a sore
     throat (11)
     —mal à la tête, to have a
     headache
     —peur, to be afraid (14)
     —raison, to be right
     —soif, to be thirsty
   avril, April

le **bac à laver,** wash-basin (16)
les **bagages,** *m pl,* luggage
se **baigner,** to bathe
la **baignoire,** bath (15)
le **bain,** bath (2)
   prendre un—, to have a bath (2)
   la salle de—(s), bathroom
le **bal,** ball, dance (4)
le **ballon,** ball
la **banane,** banana
la **bande,** gang (15)
le **bandit,** bandit (16)
la **banque,** bank
le **bar,** bar (8)
la **barre,** bar (8)
   barrer, to block (13)
la **barrière,** gate (12)
   bas(se), low
   à—, down with (4)
   en—, at the bottom of (2)
   du haut en—, from top to bottom
   (14)
les **bas,** *m pl,* stockings

le **basketball,** basket-ball (2)
la **bataille,** battle
le **bateau,** boat
   faire une promenade en—, to
   take a boat trip
la **batterie,** battery (4)
   jouer de la—, to play the drums
(se) **battre,** to beat (4), (to fight)
   bavarder, to gossip (5)
   beau(bel); belle, beautiful, fine
   il fait beau, the weather is fine
   beaucoup, very much
   —de, many, a lot of
le **bébé,** baby (8)
le **beignet,** fritter (12)
la **Belgique,** Belgium
   besoin, avoir—de, to need
   bête, silly
le **beurre,** butter
la **bibliothèque,** library, bookcase (1)
   bien, well
   le—, good (8)
   —des, many (8)
   —entendu, of course
   —sûr, of course
   bientôt, soon
   bienvenu(e), welcome (16)
la **bière,** beer (5)
le **bijou(x),** jewel (8)
le **billard,** billiards (5)
le **billet,** ticket, note (10)
   —(d') aller (et) retour, return
   ticket (6)
   —simple, single ticket (6)
   bizarre, strange (15)
sans **blague?** really? (6)
   blanc(he), white
   le—d'œuf, egg-white (12)
   blessé(e), injured
   bleu(e), blue
le **bloc,** block (16)
   blond(e), blond (2)
les **blue-jeans,** *m pl,* jeans (4)
le **bœuf,** beef (16)
   boire, to drink
le **bois,** wood
la **boisson,** drink (9)
la **boîte (de conserve),** box, (tin)
   —aux lettres, post-box (10)
   —de nuit, night-club (4)
le **bol,** bowl
   bon(ne), good
   bonne chance! good luck! (12)
   bonne nuit, good night
les **bonbons,** *m pl,* sweets
le **bonheur,** happiness, good luck (11)
   bonjour, good morning, good day
   bonsoir, good evening
au **bord de la mer,** at (to) the seaside
les **bottes,** *f pl,* boots (4)
la **bouche,** mouth
le **boucher,** butcher (4)
la **boucherie,** butcher's shop (G)

   bouillant(e), boiling (12)
   bouillir, faire—, to boil (4)
le **boulanger,** baker
   boules, jouer aux—, to play bowls
   (16)
le **boulevard,** boulevard
au **bout de,** after (of time) (8)
la **bouteille,** bottle
le **bouton,** button (7), pimple (12)
le **bras,** arm
   se casser le—, to break one's arm
   brave, fine (4)
la **Bretagne,** Brittany (16)
   bricoler, to potter (2)
   brillant(e), bright (7)
le **briquet,** cigarette lighter
la **brosse à dents,** toothbrush
se **brosser les dents,** to brush one's
   teeth
le **bruit,** noise
   brun(e), brown
   brusquement, quickly (2)
   brutal(e), brutal (14)
   Bruxelles, Brussels
   bruyant(e), noisy (10)
le **buffet,** sideboard
le **bureau,** office, desk
   —de poste, post office (10)
le **but,** goal (8)

   ça va (?), how are you? (friendly),
   all right, etc.
la **cabine téléphonique,** call-box (7)
le **cabinet de toilette,** dressing-room,
   toilet (1)
(se) **cacher,** to hide
le **cachet,** capsule, tablet (14)
le **cadeau (pl cadeaux),** present
   cadet(te), younger, youngest (2)
le **cadran,** dial (7)
le **café,** coffee, café
   (café-)crème, white coffee
   café-tabac, café (which sells
   tobacco, etc.) (5)
le **cahier,** exercise book
la **caisse,** cash desk
(se) **calmer,** to calm (down) (13)
un(e) **camarade,** friend (14)
la **caméra,** cine-camera (11)
le **camion,** lorry
   en—, by lorry
la **camionnette,** van (3)
le **camp,** camp (8)
la **campagne,** country(side)
   à la—, in the country
le **campeur,** camper (4)
le **camping,** camping, campsite
   faire du—, to go camping
la **canne à pêche,** fishing rod
le **canton,** district (G)
le **caoutchouc,** rubber (4)
   capable, capable (9)

la **capitale,** capital
car, for, because
le **car,** motor coach (16)
le **caractère,** character (8)
la **caravane,** caravan
le **carnet,** notebook
  —**de tickets,** book of tickets
  —**de timbres,** book of stamps (10)
la **carotte,** carrot
carré(e), square (16)
le **cartable,** satchel
la **carte,** map
  —**d'identité,** identity card (11)
cas, en tout—, in any case (10)
le **casier,** pigeon hole (9)
la **casquette,** cap
casser, to break
  se—**le bras,** to break one's arm
la **casserole,** saucepan
à cause de, because of
causer, to cause (8)
la **cave,** cellar (1)
célèbre, famous (4)
célébrer, to celebrate (9)
cent, one hundred
une **centaine (de),** a hundred
  par—**s,** in hundreds (13)
le **centime,** centime (2)
  (100 centimes = 1F)
un **centimètre,** centimetre
le **centre,** centre
cependant, however
la **cérémonie,** ceremony (11)
certain(e), sure, certain (4)
  il y en a—**s,** there are those … (4)
certainement, certainly
sans cesse, without stopping, unceasingly (14)
chacun(e), each one
la **chaîne,** television) network (4)
la **chaise,** chair
la **chambre (à coucher),** room, bedroom
le **champ,** field
le **champion,** champion (4)
la **chance,** luck (7)
changer (de), to change (5)
  —**d'avis,** to change one's mind (13)
la **chanson,** song (4)
chanter, to sing
le **chanteur,** singer (4)
le **chapeau (pl chapeaux),** hat
chaque, each, every
la **charcuterie,** pork-butcher's shop (G)
le **charcutier,** pork-butcher (3)
chargé(e) de, loaded with (7)
charmant(e), delightful (11)
la **charrette,** cart (13)
chasser, to chase (off)
le **chat,** cat
le **château (pl châteaux),** castle.
chaud(e), warm, hot
  il fait—, the weather is warm, hot
  avoir—, to be warm, hot

le **chauffeur,** driver
la **chaussée,** road(way) (13)
la **chaussette,** sock
la **chaussure,** shoe
le **chef,** chief (3)
  —**de train,** guard (10)
le **chef-lieu,** chief town (G)
le **chemin,** road, path
  —**de fer,** railway (4)
  perdre son—, to lose one's way (4)
la **chemise,** shirt
cher; chère, dear
chercher, to look for
  aller—, to fetch, to go and meet, to go and find
chéri(e), my dear
le **cheval (pl chevaux),** horse
  à—, on horseback
les **cheveux,** m pl, hair
chez, at, to the house of, etc.
chic, smart
le **chien,** dog
le **chiffre,** figure (7)
la **chimie,** chemistry (6)
le **choc,** shock (8)
le **chocolat,** chocolate
choisir, to choose
le **choix,** choice
choquant(e), shocking (8)
la **chose,** thing (6)
  autre—, something else (4)
  quelque—, something
le **chou (pl choux),** cabbage (4)
le **chou-fleur (pl choux-fleurs),** cauliflower (12)
la **chute,** fall (13)
le **ciel,** sky, heaven (8)
le **cigare,** cigar (5)
la **cigarette,** cigarette
le **cinéma,** cinema
  faire du—, to film (11)
cinquante, fifty
la **circulation,** traffic (4)
circuler, to move (of traffic) (10)
le **cirque,** circus
le **citron,** lemon (4)
civil(e), civil (11)
clair(e), clear (12), light
  voir—, to see clearly (8)
la **classe,** class
la **clef,** key
le **client,** customer
la **cloche,** bell (4)
le **clou,** nail (7)
le **club,** club
le **coin,** corner
Cointreau, Cointreau (a liqueur) (4)
en colère (contre), angry (with) (8)
  se mettre en—, to become angry (13)
la **collection,** collection (4)
le **collège,** college, school (G)
  —**technique,** technical college (G)
un(e) collégien(ne), college student (4)

la **colonie de vacances,** holiday camp for children (16)
combien de … ? how much … ? how many … ?
  c'est combien? how much is it?
la **comédie,** comedy (4)
commander, to order (2)
comme, as, like
  —**d'habitude,** as usual (13)
  —**toujours,** as usual
le **commencement,** beginning
commencer (à), to begin (to)
comment? how?
commissions, faire des—, to run errands
la **commune,** community (4)
la **compagnie,** company (2)
le **compartiment,** compartment (1)
le **complet,** suit
complètement, completely (14)
comprendre, to understand
compris, service—, service included (2)
compter, to count (4)
le **comptoir,** counter
le **concert,** concert
le **concierge,** caretaker (11)
le **concitoyen,** citizen (16)
le **concours,** competition (4)
le **conducteur,** driver (8)
conduire, to drive
  se—, to behave (8)
la **conférence de presse,** press conference (7)
des confettis, m pl, confetti (11)
la **confiserie,** confectioner's shop
le **confort,** comfort (16)
confortable, comfortable (1)
confortablement, comfortably
congé, un jour de—, a day off
connaissance, faire la—**de,** to meet
connaître, to know
le **conseil,** advice
conseiller, to advise (9)
(se) considérer, to consider (oneself) (14)
consister, to consist (11)
constater, to establish (15), to state (16)
la **construction,** construction (16)
construire, faire—, to build, to have built (4)
la **consultation,** consultation (14)
consulter, to consult (12)
contenir, to contain (6)
content(e), happy
continuellement, continually (4)
continuer, to continue
au contraire, on the contrary (12)
contre, against (4)
le **contrôleur,** ticket collector
le **copain,** pal, friend (2)
la **copie,** copy (10)
le **coq au vin,** chicken cooked in wine (9)

le corps, body
le correspondant, correspondent (8)
le costume, costume, dress (4)
la côte, coast (4)
à côté de, next to, beside
   de l'autre—, on the other side
le coton, cotton (4)
se coucher, to go to bed
la couchette, couchette
   couler, to flow (14)
la couleur, colour
le coup, blow, bang, knock
   donner un—de klaxon, to sound
   the horn
   —de téléphone, telephone call (7)
   —de tonnerre, clap of thunder (14)
la coupe, cup (12)
   couper, to cut (4)
   —le moteur, to switch off (engine)(13)
le couple, couple (11)
la cour, courtyard, playground
le courant, current (4)
   courir, to run (8)
les cours, *m pl,* lessons
la course, race (4)
   court(e), short
un(e) cousin(e), cousin
le couteau (*pl* **couteaux**), knife
   coûter, to cost
le couvent, convent (G)
le couvercle, lid (8)
   couvert(e) de, covered with
   couvrir, to cover
la craie, chalk
le craquement, crack (8)
la cravate, tie
le crayon, pencil
   créé(e), created, established (16)
   crème, un (**café-**)**crème,** white coffee
la crêpe, pancake (4)
la crevaison, puncture (13)
   crever, to have a puncture (7)
le cricket, cricket (8)
   crier, to shout
le crime, crime (11)
   —d'incendie, arson (12)
   croire, to think, to believe
le croissant, crescent-shaped roll
la cuiller, spoon
la cuillerée, spoonful (4)
le cuir, leather (4)
   cuire, faire—, to cook (8)
la cuisine, kitchen
   cuit(e), cooked (12)
   cultiver, to grow (1)
le curé, priest (4)
le cyclisme, cycling
   la piste de—, cycle track (G)
le cyclomoteur, moped (8)

le danger, danger (8)
   dangereux; dangereuse, dangerous (13

dans, in
   danser, to dance
le danseur, dancer (15)
la date, date
de, of, from
le début, beginning
le débutant, beginner (4)
   décembre, December
   décharger, to unload (13)
   déchirer, to tear (11)
   décider(de), to decide (to)
se décider, to make up one's mind (10)
   déclarer, to declare (11)
le décor, decoration (9)
   découvrir, to discover (7)
   décrire, to describe (11)
   décrocher, to lift (receiver) (7)
   défendre, to forbid (13)
défense de stationner, no parking
   déformé(e), uneven (13)
les dégâts, *m pl,* damage (12)
(au)dehors, outside
   déjà, already
   déjeuner, to have lunch
le déjeuner, lunch
   petit—, breakfast
   délicieux; délicieuse, delicious (6)
   demain, tomorrow
   après-demain, the day after
   tomorrow
   demander, to ask (for)
   démarrer, to start
   demeurer, to live (16)
la demie, half
   et—, half past
le demi-centre, centre half (4)
   une demi-heure, half an hour
   démonter, to take down (14)
la dent, tooth
   se brosser les—s, to brush one's
   teeth
   la brosse à—s, toothbrush
le dentifrice, toothpaste (14)
le départ, departure
   le point de—, starting point (4)
le dépassement, overtaking (13)
   dépasser, to surpass (16)
se dépêcher, to hurry
   dépendre (de), to depend (on) (5)
   depuis, for, since
   dérailler, to be derailed (8)
   déranger, to disturb
   déraper, to skid (4)
   dernier; dernière, last, latest
   derrière, behind
le désastre, disaster (12)
   descendre, to come down, to go
   down, to get off (train, etc.), to take
   down
la descente, descent (11)
vous désirez? what would you like? can
   I help you? etc.
le dessert, dessert, sweet

le dessin, drawing, art (6)
   dessiner, to draw
au-dessus de, above (5)
   ci-dessus, above (12)
le détail, detail (12)
   détester, to detest
le détour, diversion (13)
   détruit(e), destroyed (16)
   deux, two
   tous (**toutes**) **les—,** both
   deuxième, second
   devant, in front of
   développer, to develop (11)
   devenir, to become (4)
   devoir, to have to (must)
les devoirs, *m pl,* homework
le dictionnaire, dictionary (2)
la différence, difference (9)
   différent(e), different (16)
   difficile, difficult
la difficulté, difficulty (8)
   dimanche, Sunday
la dimension, dimension (11)
   dîner, to dine
le dîner, dinner
   —de noces, wedding feast (12)
   dire, to say, to tell
   c'est à—, that is to say
   vouloir—, to mean (14)
   à vrai—, as a matter of fact (16)
   à ce qu'on dit, so they say (11)
le directeur, manager, editor (G)
la direction, direction (12)
se diriger vers, to go towards (15)
la discipline, discipline (8)
la discothèque, discothèque (4)
   discours, prononcer un—, to
   make a speech (11)
   discuter, to discuss (10)
   disparaître, to disappear (16)
la dispute, argument, dispute (10)
se disputer, to argue (7)
le disque, record
la distance, distance (6)
   distrait(e), absent-minded
la distribution, delivery (postal) (10)
   divertissant(e), entertaining (15)
le docteur, doctor (12)
le doigt, finger
   dommage, c'est—, it's a pity
   donc, then, therefore
   donner, to give
   —un coup de klaxon, to sound the
   horn
   —sur, to overlook (2)
   doré(e), golden brown (16)
   dormir, to sleep
la douane, customs (11)
le douanier, customs officer (11)
   doucement, quietly, gently
la douche, shower (1)
sans doute, no doubt
une douzaine (de), a dozen

se dresser, to stand (11)
  dresser une tente, to pitch a tent
la droguerie, chemist's shop (14)
le droit, right (5)
  avoir le—de, to be entitled to (5)
  tout —, straight (on)
à droite, on the right
drôle, funny
la durée, time (16)
  durer, to last (14)

l'eau, *f,* water
  —courante, running water (8)
échanger, to exchange (11)
s'échapper, to escape
un éclair, flash (15)
une école, school
un écolier, schoolboy (16)
  économiser, to save (4)
l'Ecosse, *f,* Scotland
écouter, to listen (to)
un écran, screen (5)
écrire, to write
un écrivain, writer (8)
l'éducation, *f,* education (G)
en effet, in fact
un effort, effort (4)
  égal, ça m'est —, I don't mind
  également, also (G), equally (8)
une église, church
un électeur, elector (4)
une élection, election (4)
l'électricité, *f,* electricity (15)
électrique, electric (4)
un électrophone, record player
l'élégance, *f,* elegance (8)
élémentaire, elementary (16)
un(e) élève, pupil
un embarras gastrique, bilious attack (14)
  embêtant(e), annoying
un embouteillage, traffic jam (10)
  emmener, to take (8)
  empêcher, to prevent (11)
un emploi, job (8)
  —du temps, timetable (6)
un employé, worker, official, clerk
  employer, to use (6)
  emporter, to take (3)
  emprunter, to borrow
  enchanté(e), delighted
  encore, still, again
  —un café, another coffee (5)
  —une fois, once more, once again (4)
  encourager, to encourage (4)
l'encre, *f,* ink
s'endormir, to fall asleep (4)
un endroit, place
un enfant, child
  enfin, finally, at last
  enlever, to take away, to get rid of (12), to take off

s'ennuyer, to be bored (4)
  ennuyeux; ennuyeuse, boring (5)
  énorme, huge
une enquête, inquiry (15)
une enseigne, sign (5)
  ensemble, together
  ensuite, then, next (2)
  entendre, to hear, to understand
  —parler de, to hear about
l'enthousiasme, *m,* enthusiasm (5)
  entier; entière, whole (14)
l'entraînement, *m,* training (4)
  entre, between
une entrée, entrance
  entrer (dans), to enter, to go in(to), to come in(to)
  entretenir, faire—, to have (a car) serviced (13)
une enveloppe, envelope (12)
  environ, about
les environs, *m pl,* surrounding district (3)
  envoyer, to send
une épicerie, grocer's shop
un épicier, grocer
les épinards, *m pl,* spinach (9)
un épisode, episode (8)
  éplucher, to peel (8)
une époque, era, age (8)
les époux, *m pl,* married couple (12)
une équipe, team (4)
une erreur, mistake
l'escalier, *m,* stairs (6)
l'Espagne, *f,* Spain
  espagnol(e), Spanish
un(e) Espagnol(e), Spaniard
  espérer, to hope (4)
un espion, spy (11)
un espoir, hope (12)
les essais, *m pl,* trials (12)
  essayer de, to try to
l'essence, *f,* petrol
  faire le plein d'—, to fill up with petrol
(s')essuyer, to wipe (oneself) (10)
l'estomac, *m,* stomach
  avoir mal à l'—, to have stomach ache (14)
  et, and
  établir, to establish (16)
  étage, au premier—, on the first floor (1)
les Etats-Unis, *m pl,* the United States (4)
l'été, *m,* summer
  en—, in summer
  éteindre, to put out (fire) (12)
  étendu(e), stretched out (8)
une étoile, star (7)
  étonné(e), astonished (1)
  d'un air—, in astonishment (1)
l'étonnement, *m,* astonishment (1)
  étrange, strange (11)
un étranger, foreigner (11)

  étranger; étrangère, foreign
à l'étranger, abroad
  être, to be
  —d'accord, to be in agreement
  —assis(e), to be sitting
  —obligé(e) de, to be obliged to (8)
  —de retour, to be back (16)
  —en train de, to be (busy) doing
les études, *f pl,* studies (4)
un(e) étudiant(e), student
l'Europe, Europe
un événement, event (9)
  évidemment, evidently, obviously (8)
  évident(e), evident, obvious (8)
  exactement, exactly (7)
un examen, examination
  examiner, to examine
  excellent(e), excellent
un excès, excess (7)
  exclusif; exclusive, exclusive (7)
je m'excuse, I'm sorry, I beg your pardon
un exemple, example
  par—, for example
l'expérience, *f,* experience (8)
un expert, expert (6)
  expliquer, to explain (8)
une exposition, exhibition (4)
  exprimer, to express (16)
à l'extérieur, outside (9)
l'extrait, *m,* extract (8)

le fabricant, manufacturer (12)
la fabrique, factory (12)
en face (de), opposite
  fâché(e), annoyed
se fâcher, to become angry (10)
  facile, easy
  facilement, easily (15)
la façon, way, method (12)
  d'une—sauvage, wildly (8)
le facteur, postman
  faim, avoir—, to be hungry
  faire, to do, to make
  —des achats, to do some shopping
  —attention, to be careful (10)
  —bouillir, to boil (8)
  —du camping, to go camping
  —du cinéma, to film (11)
  —des commissions, to run errands
  —la connaissance de, to meet
  —construire, to build, to have built (7)
  —cuire, to cook (8)
  —entretenir, to have (a car) serviced (13)
  —flamber, to light (4)
  —frire, to fry (4)
  —son marché, to do one's shopping (13)
  —la grasse matinée, to lie in (bed) (2)

—le ménage, to do the housework
—de son mieux, to do one's best (4)
—partie de, to belong to (a club, etc.) (12)
—le plein d'essence, to fill up with petrol
—une promenade, to go for a walk
—une promenade en auto, to go for a drive
—une promenade en bateau, to take a boat trip
—une promenade à vélo, to go for a cycle ride
—la queue, to queue (12)
—des recherches, to make inquiries (8)
—un reportage (sur), to report (on) (3)
—revenir, to brown (16)
—du ski, to ski
—un tour de, to tour (3)
—son tricot, to do one's knitting (2)
—la vaisselle, to do the washing up
—ses valises, to pack (2)
ne t'en fais pas, don't worry (13)
il fait beau, it (the weather) is fine
——chaud, it is warm
——froid, it is cold
——du soleil, it is sunny
la famille, family
en—, with the family (1)
le fan, fan (4)
la farine, flour
fatigué(e), tired
il faut, it is necessary (to), etc.
la faute, fault
le fauteuil, armchair (1)
féliciter, to congratulate (12)
la femme, woman, wife
—de ménage, cleaning woman
la fenêtre, window
la fente, slot (7)
fer, le chemin de—, railway (4)
ferme, firm (12)
la ferme, farm
fermer, to close, to shut
la fermeture, closure (16)
le fermier, farmer
le festival, festival (4)
la fête, fête, fair, entertainment (3)
—folklorique, festival of folk music (4)
—foraine, fair (15)
salle des—s, concert hall
le feu, fire (6)
—d'artifice, firework (display) (15)
prendre—, to catch fire (11)
à—doux, on a low heat (16)
les feux, m pl, traffic lights
février, February

la fiche, form (10)
fichez-moi le camp! get out! (7)
fier; fière, proud (14)
la fièvre, fever (14)
la figure, face (10)
le fil, wire (4)
le filet, luggage rack (10)
la fille, girl, daughter
petite-fille, grand-daughter (12)
le film, film
le fils, son
petit-fils, grandson (12)
la fin, end
final(e), final (12)
la finale, final (16)
finir, to finish
fixer, to fix (14)
la flamme, flame (12)
la fleur, flower
la foire, fair
la fois, time
une—de plus, once more
deux—, twice
encore une—, once again (4)
folklorique, la fête—, festival of folk music (4)
les fondations, f pl, foundations (4)
le football, football
la forêt, forest (16)
en forme, de, in the form of (6)
formidable, fine, magnificent
la formule, formula (12)
fort(e), strong, hard (14)
la foudre, lightning (14)
fouiller, to search (12)
la foule, crowd
fournir, to provide (12)
frais; fraîche, fresh (3)
les frais, m pl, expenses (14)
un franc, one franc
français(e), French
un(e) Français(e), Frenchman (woman)
la France, France
frapper, to hit, to strike, to knock
le frein, brake
freiner, to brake (2)
le frère, brother
le frigo, refrigerator (16)
les frites, f pl, chips
froid(e), cold
il fait—, it (the weather) is cold
avoir—, to be cold
le fromage, cheese
les fruits, m pl, fruit
la fumée, smoke (8)
fumer, to smoke
le fusil, gun (12)
futur(e), future (12)

gagner, to win, to earn
gai(e), gay (5)
le gant, glove

le garage, garage
le garçon, boy, waiter
le gardien, goal-keeper (8)
la gare, station
—routière, bus station (G)
garni(e), garnished (12)
gastrique, un embarras—, bilious attack (14)
le gâteau (pl **gâteaux),** cake
—de noces, wedding cake (11)
à gauche, on the left
le gaz, gas (14)
gelé(e), frozen
le gendarme, gendarme
—de la route, traffic policeman (7)
la gendarmerie, headquarters (of gendarmes)
le général, general (4)
en—, in general (11)
Genève, Geneva
les gens, m pl, people
gentil(le), kind
la géographie, geography
la glace, ice-cream
le golf, golf (8)
gonflé(e), blown up (13)
la gorge, throat (14)
avoir mal à la—, to have a sore throat (14)
les goûts, m pl, interests (G)
chacun son goût, every man to his taste (12)
grâce à, thanks to
grand(e), big, great
la grande route, main road
grandir, to grow (8)
gratuit(e), free (13)
grave, serious (2)
le grenier, attic (1)
la grève, strike (12)
le grincement, creaking (8)
la grippe, 'flu (14)
gris(e), grey
gros(se), big
grosseur, de la—de, the size of (16)
le groupe, group
le guichet, ticket office, window
le guide, guide (G)
guillotiner, to guillotine (14)
la guitare, guitar

l'habileté, f, skill (5)
s'habiller, to dress
un habitant, inhabitant (G)
habiter, to live (in)
d'habitude, usually
comme d'—, as usual (13)
l'habitude, avoir l'—de, to be in the habit of (used to)
habitué(e) à, used to (12)
haché(e), chopped (8)
la haie, hedge (12)

haut(e), high (11)
du—en bas, from top to bottom (14)
hélas! alas! (8)
un **hélicoptère,** helicopter (11)
l'**héroïne,** *f*, heroine (14)
le **héros,** hero (11)
hésiter, to hesitate (8)
l'**heure,** *f*, time, hour
à l'—, on time
tout à l'—, just now (6)
de bonne —, early
un **quart d'—,** a quarter of an hour
une **demi-heure,** half an hour
heureux; heureuse, happy (5)
heureusement, fortunately (8)
heurter, to bump into
hier, yesterday
l'**histoire,** *f*, history (4), story
le **hit-parade,** hit parade (7)
l'**hiver,** *m*, winter
en—, in winter
un **hold-up,** hold-up (4)
un **homme,** man
les **honoraires,** *m pl*, fee (14)
honte, avoir—, to be ashamed (12)
un **hôpital,** hospital (G)
un **horaire,** timetable (6)
l'**horloge parlante,** *f*, speaking clock (7)
un **hors d'œuvre,** hors d'œuvre (9)
un **hôtel,** hôtel
huer, to barrack (8)
l'**huile,** *f*, oil
humoristique, humorous (12)
l'**hygiène,** *f*, hygiene (14)

ici, here
une **idée,** idea
un(e) **idiot(e),** idiot
il y a, ago; there is, there are
illustré(e), illustrated (12)
une **image,** picture
imaginer, to imagine (1)
un **immeuble,** block of flats (12)
un **imperméable,** raincoat
l'**importance,** *f*, importance (11)
important(e), important
impossible, impossible
une **impression,** impression (6)
imprimer, to print (7)
un **imprimeur,** printer (5)
un **incendie,** fire (12)
inconnu(e), unknown (11)
un **inconnu,** stranger (11)
incroyable, unbelievable (9)
indiquer, to tell (someone) of, to indicate (12)
indispensable, indispensable (4)
une **infirmière,** nurse (12)
les **informations,** *f pl*, information (6)
un **ingénieur,** engineer
une **inondation,** flood (14)

inondé(e), flooded (14)
un **inspecteur,** inspector (9)
une **installation,** installation (16)
installer, to fix
s'—, to settle, sit (down) (1)
un **instant,** moment
un **instituteur,** (primary) teacher (16)
les **instructions,** *f pl*, instructions (4)
insupportable, horrid, unbearable
intact(e), intact (16)
intelligent(e), intelligent
intention, avoir l'—(de), to intend (to) (10)
interdit(e), prohibited (13)
intéressant(e), interesting
s'intéresser à, to be interested in (8)
l'**intérêt,** *m*, interest (4)
interroger, to question (11)
l'**interruption,** *f*, break (4)
une **interview,** interview (4)
interviewer, to interview (4)
introduire, to introduce (8)
inutile, useless (9)
un(e) **invité(e),** guest (3)
inviter, to invite
l'**Italie,** *f*, Italy
un(e) **Italien(ne),** an Italian

jamais, ever
ne…jamais, never
la **jambe,** leg
janvier, January
le **jardin,** garden
—public, park
jaune, yellow
le—d'œuf, yolk (12)
le **jazz,** jazz (G)
jeter, to throw (4)
le **jeton,** token (7)
le **jeu** (*pl* **jeux**), game
jeudi, Thursday
jeune, young
la **—fille,** young lady, girl
la **maison des—s,** youth centre (G)
jeunesse, une auberge de—, youth hostel
joli(e), pretty
jouer, to play
le **jouet,** toy (16)
le **joueur,** player (4)
le **jour,** day
un **—de congé,** a day off
—de marché, market day
en plein—, in broad daylight (4)
le **journal** (*pl* **journaux**), newspaper, diary (16)
le **journalisme,** journalism (G)
le **journaliste,** journalist (5)
la **journée,** day
joyeux; joyeuse, merry (11)
juillet, July
juin, June

le **juke-box,** juke-box (5)
les **jumeaux,** *m pl*, twins (12)
la **jupe,** skirt
jurer, to swear (6)
le **jus de fruits,** fruit juice
jusqu'à, until, as far as, up to (5)
juste, just

le **kilo(gramme),** kilogramme
le **kilomètre,** kilometre
le **kiosque à journaux,** newspaper stall
klaxon, donner un coup de—, to sound the horn

là, there
là-bas, over there
le **laboratoire,** laboratory (2)
le **lac,** lake
la **laine,** wool (4)
laisser, to leave, to let, to allow
—tomber, to drop
le **lait,** milk
la **lampe,** light
lancer, to throw
le **lanceur,** thrower (4)
large, wide (4)
le **lavabo,** wash-basin (15)
(se) **laver,** to wash
le **bac à laver,** wash-basin (16)
la **leçon,** lesson
le **lecteur,** reader (4)
la **lecture,** reading (G)
la **légende,** caption (12)
léger; légère, light
légèrement, slightly (8)
les **légumes,** *m pl*, vegetables
le **lendemain,** the next day
le **—matin,** the next morning
lentement, slowly
la **lessive,** soap powder (14)
faire la—, to do the washing
la **lettre,** letter
la **levée,** collection (10)
lever, to lift, to raise
se **lever,** to get up, to stand up
la **lèvre,** lip (8)
libre, free, vacant
libre-service, self-service (6)
le **lieu,** place (4)
avoir—, to take place
la **ligne,** line (4)
à la mauvaise—, on the wrong line (5)
la **limonade,** lemonade
la **liqueur,** liqueur (5)
lire, to read
la **liste,** list
le **lit,** bed
rester au—, to stay in bed
un **litre,** one litre
la **littérature,** literature (8)

l – m

le livre, book
une livre = 500 grammes (3)
livrer, to deliver
local(e), local (8)
loin, far, a long way
le loisir, leisure (16)
Londres, London
long(ue), long
le long de, along
longtemps, a long time
lot, le gros—, first prize (5)
la Loterie Nationale, National
Lottery (5)
louer, to hire
à—, 'to let'
lourd(e), heavy
la lumière, light (8)
lundi, Monday
les lunettes, *f pl,* glasses
le Luxembourg, Luxembourg
le lycée, high school, grammar school
(G)
un(e) lycéen(ne), high school pupil (16)

la machine, machine
—à laver, washing machine
madame, madam, Mrs.
mademoiselle, miss
le magasin, shop
le magnétophone, tape recorder (11)
magnifique, magnificent
mai, May
maigre, thin (4)
le maillot, jersey (4)
—de bain, swim suit
la main, hand
maintenant, now
—que, now that (5)
le maire, mayor (4)
la mairie, town hall (G)
mais, but
—oui, yes, of course
la maison, house
à la—, (at) home
—des jeunes, youth centre (G)
la maisonnette, cottage (4)
mal, badly
se sentir—, to feel ill
avoir—à l'estomac, to have
stomach-ache (14)
——à la gorge, to have a sore
throat (14)
——à la tête, to have a headache
le mal, harm (12)
malade, ill
le malade, patient (8)
malheureusement, unfortunately (5)
maman, mum, mummy
le mandat (ordinaire), postal order (10)
manger, to eat
la salle à—, dining room
manœuvrer, to work, to operate (5)

le manque, lack (8)
manquer, to miss
il ne manque pas de, there is no
lack of (4)
le marchand, salesman
le marché, market
le jour de—, market day
le Marché Commun, Common
Market (10)
faire son—, to do one's shopping
(13)
de meilleur—, cheaper (3)
marcher, to walk, to work
mardi, Tuesday
la margarine, margarine (16)
le mari, husband (11)
le mariage, marriage, wedding (2)
la mariée, bride (11)
(se) marier (avec), to marry (2)
les mariés, *m pl,* married couple (11)
les nouveaux—, newly-weds (11)
marqué(e), marked (2)
marquer un but, to score a goal (8)
marron, chestnut brown (8)
mars, March
le marteau (*pl* **marteaux),** hammer
masqué(e), masked (12)
le match, match
le matériel, material (11)
la maternité, maternity (16)
les mathématiques, *m pl,* mathematics
le matin, morning
la matinée, morning
faire la grasse—, to lie in (bed) (2)
mauvais(e), bad
à la—e ligne, on the wrong line (5)
le maximum, maximum
au—, at the most (8)
le mécanicien, mechanic (2)
le médecin, doctor
médical(e), medical (14)
le médicament, medicine (9)
méditerrané(enne), Mediterranean
(15)
la Méditerranée, Mediterranean (Sea)
meilleur(e), better, best
de—marché, cheaper (3)
se mêler à, to mix with (13)
le membre, member (16)
même, same
quand—, even so, however,
nevertheless (10)
la mémoire, memory (8)
menacer, to threaten (16)
ménage, la femme de—, cleaning
woman
faire le—, to do the housework
le menu, menu (9)
la mer, sea
au bord de la—, at the seaside
merci, thank you
mercredi, Wednesday
la mère, mother

mériter, to deserve (8)
merveilleux; merveilleuse,
marvellous (5)
mesurer, to measure (11)
le métier, trade, profession (8)
le mètre, metre (11)
le Métro, the Paris Underground (7)
mettre, to put (on)
—à la porte, to throw out (4)
—à la poste, to post
se—en colère, to become angry
se—en marche, to set off (10)
se—en route, to set off
meubler, to furnish (11)
les meubles, *m pl,* furniture (11)
la mi-temps, half (football) (8)
le micro, microphone (11)
midi, noon
le Midi de la France, the South of
France
(le) mieux, better, (best) (7)
aller—, to be better
faire de son—, to do one's best (4)
au milieu de, in the middle of
militaire, military
mille, a thousand
des milliers (de), thousands (of) (16)
un million (de), a million (16)
minuit, midnight
la minute, minute
la mode, fashion (G)
à la—, in fashion (7)
le modèle, model (3)
moderne, modern
moderniser, to modernise (4)
moins (de), less, minus
au—, at least
le mois, month
la moitié, half
le moment, moment
en ce—, at the moment
à ce—, at this moment
au—où, just as (15)
le monde, world (4)
tout le—, everybody
le moniteur; la monitrice, monitor
(16)
la monnaie, change (7)
(le) monsieur, sir, Mr., (gentleman)
la montagne, mountain (16)
monter, to go up, to get into (car,
etc.), to take up (15)
la montre, watch
montrer, to show, to point out
le monument, historic building (4)
le morceau (*pl* **morceaux),** lump,
piece (8)
mort(e), dead (8)
le mot, word (6)
les—s croisés, crossword
le moteur, engine (3)
la moto, motor cycle
le mouchoir, handkerchief

mouillé(e), wet through (14)
le moulin (à légumes), mincer, strainer (8)
les moustaches, *f pl,* moustache (8)
le mouton, sheep (12)
moyen(ne), average (6)
municipal(e), municipal (G)
le mur, wall
le musée, museum (12)
musical(e), musical (8)
la musique, music
le mystère, mystery (16)
mystérieusement, mysteriously (8)
mystérieux; mystérieuse, mysterious

la nage (libre), (free-style) swimming (16)
nager, to swim
le nageur, swimmer (16)
la naissance, birth (16)
la natation, swimming (16)
la nation, nation (4)
national(e), national (11)
la nationalité, nationality (G)
naturellement, of course
né(e), born (G)
nécessaire, necessary
au négatif, in the negative (11)
la neige, snow
il —, it is snowing
net(te), clear, sharp (9)
nettoyer, to clean
neuf; neuve, new
le nez, nose
ni, nor
(ni) moi non plus, nor (am) I
le niveau (*pl* niveaux), level (13)
le passage à —, level crossing (4)
Noël, Christmas
noir(e), black
le nom, name
le nombre, number (4)
non, no
— marié(e), unmarried (8)
la Normandie, Normandy (4)
la note, note (6)
noter, to note (11)
nouveau; nouvelle, new
de nouveau, again
le nouveau-né, newborn (child) (16)
les nouveaux mariés, newly-weds (11)
la nouvelle, news (5)
novembre, November
noyé(e), drowned (16)
la nuit, night
bonne —, good night
il faisait —, it was dark (8)
nul, match —, match drawn (8)

le numéro, number, edition (12)
le nylon, nylon (4)

une objection, objection (12)
un objet, object
obligatoire, compulsory (11)
obligé(e), être — de, to be obliged to (8)
une occasion, chance (8)
occupé(e), engaged, taken (of room) (7)
s'occuper de, to attend to, to be concerned with (4)
octobre, October
les odeurs, *m pl,* fumes, smell (8)
un œuf, egg
les œuvres, *f pl,* works (12)
offrir, to give, to offer
un oignon, onion
à l'ombre (de), in the shade (of)
une omelette, omelette
un oncle, uncle
onze, eleven
s'opposer à, to be opposed to (10)
un orage, storm (14)
une orange, orange
un orchestre, orchestra
ordinaire, ordinary (6)
une ordonnance, prescription (14)
un ordre, order (11)
en —, in order (5)
les ordures, *f pl,* rubbish (12)
une oreille, ear
organiser, to organise (8)
original(e), original (7)
un os, bone
oser, to dare (12)
ou, or
— bien, or else
où (?), where (?)
oublier, to forget
oui, yes
l'ouverture, *f,* opening (4)
un ouvrier, worker (5)
ouvrir, to open

la page, page (10)
le pain, bread, loaf
la paire, pair
en paix, in peace
pâle, pale (8)
le panier, basket
en panne, broken down
le panneau, notice, sign
le pantalon, trousers
papa, dad, daddy
le papier, paper
le papillon, butterfly (4)
le paquet, packet, parcel
par-dessus, over (12)
par exemple, for example

par terre, on the ground (1)
paraît-il, it seems (9)
le parapluie, umbrella
parce que, because
le pardessus, overcoat (man's)
pardon, (je vous demande —), I'm sorry (2)
le pare-brise, windscreen (13)
les parents, *m pl,* parents
paresseux; paresseuse, lazy
le pari, bet (9)
parier, to bet (9)
parisien(ne), Parisian (4)
le parking, car-park (10)
parler, to speak, to talk
à part, apart (from) (4)
prendre — à, to take part in (12)
particulier; particulière, private (12)
la partie, part (4)
faire — de, to belong to (a club, etc.) (12)
la surprise-partie, party
partir, to leave
à — de, from (4)
partout, everywhere
pas du tout, not at all
pas loin de, not far from
le passage clouté, pedestrian crossing (12)
le passage à niveau, level crossing (4)
le passager, passenger (1)
passer, to pass, to spend (time)
— un disque, to play a record (13)
se —, to happen (1)
le passetemps, hobby (4)
passionnant(e), exciting (8)
passionné(e), passionate (8)
la pâte, batter (4)
le pâté, pâté (9)
patiemment, patiently (12)
la patience, patience (8)
le patin, skate
le patron, boss (3)
la patronne, proprietress (11)
la patte, paw (12)
pauvre, poor
payer, to pay (for)
le pays, country
la pêche, fishing
aller à la —, to go fishing
la canne à —, fishing rod
pêcher, to fish (16)
le pêcheur, fisherman (2)
le penalty, penalty (football) (8)
pendant, during
— que, while (2)
penser, to think
la pente, slope (2)
perdre, to lose
— son chemin, to lose one's way (4)
le père, father
permettre, to allow

p

le permis de conduire, driving licence

la permission, permission

le persil, parsley (8)

le personnage, character (8)

la personne, person

  ne...personne, no one, nobody

  les grandes—s, grown-ups

le personnel, staff, servants (15)

  persuader, to persuade (12)

la pétanque, pétanque (a game)

  petit(e), small, little

  le petit-fils, grandson (12)

  la petite-fille, grand-daughter (12)

  le—déjeuner, breakfast

un peu (de), a little, a few

  peu à peu, little by little (12)

  à—près, about (12)

  peur, avoir—, to be afraid (14)

  peut-être, perhaps

le phare, headlamp (13)

la pharmacie, dispensing chemist's shop (G)

le pharmacien, pharmacist, chemist (14)

la photo, photograph

  prendre des—s, to take photographs

le photographe, photographer (G)

la photographie, photography

  photographier, to photograph (14)

la phrase, sentence (5)

la physique, physics (6)

le piano, piano

la pièce, play, coin (5), room (11)

  à 35 centimes la—, 35 centimes each (3)

le pied, foot

  à—, on foot

la pierre, rock, stone (13)

le piéton, pedestrian (12)

le pilote, racing driver (11)

la pilule, pill (14)

la pincée, pinch (4)

la pipe, pipe

le pique-nique, picnic

la piscine, swimming pool (G)

la piste, ski-run, race-track (6)

  —de cyclisme, cycle track (G)

le placard, cupboard

la place, square, place, seat

  de la—, some room

la plage, beach

se plaindre, to complain (12)

  plaire (à), to please (8)

  plaisanter, to joke (6)

le plaisir, pleasure (7)

le plancher, floor

en plastique, plastic (16)

le plat, dish (4)

le plateau, tray (9)

  plein(e) de, full of

  en—air, in the open air

en—jour, in broad daylight (4)

  faire le—d'essence, to fill up with petrol

il pleut, it is raining

  il—à verse, it is pouring with rain

pleuvoir, to rain

  —fort, to rain hard (8)

plier, to fold (4)

la pluie, rain

la plume, pen

la plupart des..., most (4)

de plus, moreover

  de plus en plus, more and more (16)

  ne...plus, no more, no longer

  —tard, later

  non—, neither, either

plusieurs, several (8)

plutôt, rather (12)

le pneu, tyre (4)

pneumatique, inflatable (16)

la poche, pocket

  un appareil de—, pocket camera (11)

la poignée, handle (5)

le point de départ, starting point (4)

la poire, pear

le poireau (pl poireaux), leek (8)

le poisson, fish

le poivre, pepper (8)

la police, police (G)

le policier, policeman (11)

la politesse, politeness (4)

la pomme, apple

la pomme de terre, potato

la pompe, pump (13)

le pompier, fireman (14)

  les—s, fire brigade (G)

le pont, bridge

  —à péage, toll-bridge (13)

populaire, popular (7)

le port, port

la porte, door, gate (G)

  —d'entrée, front door (8)

à portée de la main, within reach (16)

  porter, to carry, to wear, to take (10)

le porteur, porter

  poser, to put (down)

  —des questions, to ask questions

la possibilité, possibility (12)

  possible, possible

le poste, set

  le—de police, police station

  le—de sapeurs-pompiers, fire station (4)

la Poste, post office

  le bureau de—, post office (10)

  les—s et Télécommunications = la Poste

  mettre à la—, to post

le potage, soup (8)

la potion, potion, mixture (14)

le poulet, chicken

pour, for, in order to

  —cent, per cent (14)

le pourboire, tip (2)

pourquoi? why?

pourtant, however (5)

pousser, to push (8)

pouvoir, to be able (can)

se précipiter dans, to rush into (12)

précis(e), precise (12)

  à cinq heures précises, at exactly five o'clock (1)

préfabriqué(e), prefabricated (16)

préféré(e), favourite

préférer, to prefer

préliminaire, preliminary (12)

premier; première, first

prendre, to take

  —feu, to catch fire (11)

  —part à, to take part in (12)

  —des photos, to take photographs

  —soin, to take care (2)

le prénom, Christian name (G)

les préparatifs, m pl, preparations (2)

la préparation, preparation (16)

préparer, to prepare

près de, near (to)

la présence, presence (4)

à présent, at present (4)

présentable, presentable (4)

présenter, to present, to introduce

le président, chairman (10)

  presque, almost

  pressé(e), être—, to be in a hurry

  prêt(e), ready

  prêter, to lend

  prier, to request (12)

  je vous en prie, please (1)

le principal, principal (15)

le printemps, spring

  au—, in spring

la prise, capture (14)

  priver, to deprive (8)

le prix, price, prize

le problème, problem (8)

le procès, trial (4)

  prochain(e), next

le produit, product, produce (12)

le professeur, teacher

la profession, profession (G)

  profiter, to profit (8)

  profond(e), deep (11)

le programme, programme (5)

  progrès, faire des—, to make progress (4)

le projet, plan (10)

  promenade, faire une—, to go for a walk

  faire une— en auto, to go for a drive

  faire une—en bateau, to take a boat trip

  faire une—à vélo, to go for a cycle ride**

se **promener,** to walk
promettre, to promise
prononcer un discours, to make a speech (11)
proposer, to suggest
propre, own (6), clean (15)
le **propriétaire,** owner, proprietor (4)
la **prospérité,** prosperity (16)
les **provisions,** *f pl,* provisions
public; publique, public
la **publicité,** publicity (11)
puis, then
puisque, since
le **pullover,** pullover
punir, to punish
le **pupitre,** desk
le **pyjama,** pyjamas

le **quai,** platform
quand, when
—même, however, even so, nevertheless (10)
quant à, as for
la **quantité,** quantity
quarante, forty
le **quart,** quarter
un —d'heure, a quarter of an hour
le **quartier,** district (16)
quatorze, fourteen
quatre cents ans, four hundred years (4)
quatre-vingts, eighty
quatre-vingt-dix, ninety
ne.. **que,** only
que faire? what is to be done? etc.
quel(le)? what?
quelque chose, something
quelqu'un, someone
quelques-uns, some, a few
quelquefois, sometimes
la **question,** question
la **queue, faire la—,** to queue (12)
qui? who?
—est à l'appareil? who's speaking? (7)
une **quinzaine,** a fortnight (12)
quitter, to leave
ne quittez pas, hold the line (7)
à quoi bon, what's the use (of) (11)
il n'y a pas de quoi, not at all, don't mention it

le **raccourci,** short-cut (4)
raccrocher, to hang up, to put down (receiver) (7)
raconter, to tell
le **radiateur,** radiator (13)
la **radio,** radio
rafraîchissant(e), refreshing (4)
la **raison,** reason (12)
avoir—, to be right

le **rallye,** rally (16)
ramasser, to pick up (12)
ramener, to take back (4)
ranger, to arrange, to tidy
rapide, fast (3)
le **train—,** express train (8)
se **rappeler,** to remember (8)
la **raquette de tennis,** tennis racket
rater, to fail (16)
rattraper, to catch up (7)
récent(e), recent (4)
le **récepteur,** receiver (7)
la **recette,** receipt, recipe (12)
recevoir, to receive (5)
le **réchaud,** stove
réchauffer, to warm (up) (8)
recherches, faire des—, to make inquiries (8)
recommencer, to begin again
reconnaître, to recognise (9)
reconstruire, to rebuild (4)
le **record,** record (16)
le **reçu,** receipt (10)
redescendre, to come (go) down again (8)
le **réfrigérateur,** refrigerator (16)
refuser, to refuse (9)
regarder, to look (at)
la **région,** region (3)
le **registre,** register (11)
la **règle,** ruler
régler, to adjust (13)
je **regrette,** I'm sorry
régulièrement, regularly (13)
rejoindre, to meet (8)
se **relever,** to get up again (8)
religieux; religieuse, religious (11)
remarquer, to notice
rembourser, to refund (14)
remercier, to thank
les **remerciements,** *m pl,* thanks (16)
remettre, to put back, to take back, to hand over (10)
remplir, to fill
remuer, to stir (4)
rencontrer, to meet
rendre, to give back, to make (8)
—visite à, to visit (4)
se—à, to visit (4)
les **renseignements,** *m pl,* information (16)
se **renseigner sur,** to inquire about (15)
rentrer, to return
renverser, to overturn, to knock down (2)
la **réouverture,** re-opening (16)
le **repas,** meal
répéter, to repeat
répondre, to reply
la **réponse,** reply
le **reportage,** report (3)
faire un—(sur), to report (on) (3)

le **reporter,** reporter (G)
se **reposer,** to rest
reprendre, to resume (12)
la **représentation,** performance (12)
représenter, to represent (5)
réprimander, to reprimand (15)
la **reprise,** resumption (12)
la **réputation,** reputation (14)
réservé(e), reserved (8)
la **résolution,** resolution (14)
ressembler à, to resemble (4)
le **restaurant,** restaurant
rester, to stay, to remain
le **résultat,** result (12)
en **retard,** late
retenir, to book, to reserve (15)
retour, être de—, to be back (16)
un billet (d') aller (et) retour, return ticket (6)
retourner, to return (4)
se—, to turn round (12)
retrouver, to meet
la **réunion,** meeting (10)
réussir (à), to succeed (in)
le **réveil,** alarm clock
se **réveiller,** to wake up
revenir, to come back
faire—, to brown (16)
rêver, to dream (11)
revoir, to see again
au—, good-bye
la **révolution,** revolution (14)
le **révolutionnaire,** revolutionary (14)
le **revolver,** revolver
le **rez-de-chaussée,** ground floor (1)
riche, rich (3)
le **rideau (pl rideaux),** curtain
ridicule, ridiculous (4)
rien, ne…rien, nothing
de—, not at all, don't mention it (2)
rire, to laugh (16)
sans **risque,** safely (15)
risquer, to risk (8)
la **rivière,** river
le **riz,** rice (11)
la **robe,** dress
le **roman,** novel (4)
roman-feuilleton, serial story (8)
romantique, romantic (8)
rond(e), round (11)
la **rondelle,** ring (16)
rose, pink (4)
le **rosé,** rosé (wine)
la **roue de secours,** spare wheel (13)
rouge, red
le **rouleau,** roll (14)
rouler, to drive (along)
la **route,** road
en—pour, on the way to
se mettre en—, to set off
la **rue,** street
la Grand-rue, high street (G)
le **rugby,** rugby

le sable, sand (16)
le sac, bag, handbag
sage, good, well-behaved
saisir, to seize (4)
la saison, season
sale, dirty
salir, to dirty, to soil (4)
la salle à manger, dining room
  —**de bain(s),** bathroom
  —**des fêtes,** concert hall (G)
  —**de séjour,** living room (11)
salut! hello!
samedi, Saturday
le sandwich, sandwich
le sang, blood (8)
sanitaire, sanitary (16)
sans, without
  —**doute,** no doubt
  —**blague?** really? (6)
  —**cesse,** without stopping, unceasingly (14)
la santé, health
les sapeurs-pompiers, m pl, fire brigade (G)
le saucisson, sausage (3)
sauf, except
saupoudrer, to sprinkle (16)
sauter, to jump (8)
sauvage, uncivilised (8)
  d'une façon—, wildly (8)
sauver, to save (14)
savoir, to know
le savon, soap (14)
en scène, on stage (4)
les sciences, ƒ pl, science (6)
scolaire, school (adj.)
le scooter, scooter
la séance, performance (16)
sécher, to dry (12)
second(e), second (2)
la seconde, second (7)
au secours! help!
  la roue de—, spare wheel (13)
secret; secrète, secret (2)
un(e) secrétaire, secretary
la section, section (16)
la sécurité, security (11)
le séjour, stay (1)
le sel, salt (4)
la sélection, selection (16)
la semaine, week
sembler, to seem
sensationnel(le), sensational
sentir, to smell (12)
se sentir mal, to feel ill
septembre, September
sérieux; sérieuse, serious (8)
le service, service (G)
  de—, on duty (16)
  —**compris,** service included (2)
la serviette, table napkin (9), towel, briefcase
(se) servir, to serve (oneself)

se servir de, to use (6)
seul(e), alone, single
seulement, only
le shampooing, shampoo (14)
shooter, to shoot (8)
si, if, yes (contradictory), so
s'il te (vous) plaît, please
le siècle, century (G)
sifflet, donner un coup de—, to blow a whistle (10)
le signal d'appel, ringing tone (7)
le signe, sign (8)
signer, to sign (1)
signifier, to signify (5)
simple, simple
  un billet—, single ticket (6)
simplement, simply (8)
sincère, sincere (12)
sinistre, sinister (8)
situé(e), situated (G)
le ski, ski-ing, ski (6)
  faire du—, to ski
skier, to ski (6)
la sœur, sister
soi-même, oneself (6)
la soie, silk (4)
soif, avoir—, to be thirsty
soin, avec—, carefully
  prendre—, to take care (2)
le soir, evening
la soirée, evening
soixante, sixty
soixante-dix, seventy
le soleil, sun
  il fait du—, it is sunny
la solution, solution (4)
la somme, sum (4)
sonner, to ring
la sonnette d'alarme, alarm bell
la sortie, exit
sortir, to go out, to come out
se soucier de, to worry about (16)
soudain, suddenly
souhaiter, to wish (16)
le soulier, shoe (8)
la soupe, soup
souper, to have supper
le souper, supper (1)
sourire, to smile (4)
le sourire, smile (8)
la souris, mouse
sous, under
le sous-sol, basement (1)
le souvenir, souvenir (11)
souvent, often
le sparadrap, sticking-plaster (14)
spécial(e), special (16)
le spectacle, show (8)
le spectateur, spectator (8)
sportif; sportive, sporting
  un—, sportsman
les sports, m pl, sport
  le terrain de—, sports ground (G)

  la voiture de sport, sports car (3)
le stade, stadium (4)
la station, station (7)
la station-service, service station (10)
stationner, to park (10)
  défense de—, no parking
le style, style
le stylo, fountain pen
le succès, success (9)
le sucre, sugar
le sud, south
un(e) Suédois(e), a Swede
suisse, Swiss
la Suisse, Switzerland
à la suite de, following (12)
suivi(e) de, followed by (4)
suivre, to follow
  à—, to be continued (8)
au sujet de, about
superbe, magnificent (11)
le supermarché, supermarket
supplémentaire, extra (16)
sur, on
sur-le-champ, at once (10)
sûr(e), sure
  bien—, of course
surprendre, to surprise (11)
la surprise, surprise
  la surprise-partie, party
surtout, especially
la surveillance, supervision (16)
sympathique, likable, attractive
le Syndicat d'Initiative, tourist information office (G)
le système, system (6)

le tabac, tobacco
  le café-tabac, café (which sells tobacco, etc.) (5)
la table, table
le tableau, picture (1)
  —**noir,** blackboard
le talent, talent (7)
tandis que, while (9)
tant de, so much (8)
tant pis! too bad!
la tante, aunt
le tapis, carpet (8)
tard, late
  plus—, later
  trop—, too late
le tas, pile (13)
la tasse, cup
la taxe, tax (10)
le taxi, taxi
  en—, by taxi
technique, le collège—, technical college (G)
le télégramme, telegram
le téléphone, telephone
  un coup de—, telephone call (7)

téléphoner (à), to telephone
téléphonique, la cabine—, call-box (7)
un(**e**) **téléphoniste,** operator (7)
le **téléviseur,** television set (5)
la **télévision,** television
tellement, so
le **témoin,** witness (4)
le **temps,** weather
le—**où,** the time when (2)
à—, in time
de—en—, now and then, from time to time
en même—, at the same time (8)
le **tennis,** tennis
la **tentative,** attempt (16)
la **tente,** tent
dresser une—, to pitch a tent
en **termes,** in terms (12)
terminer, to finish (10)
le **terrain (de sports),** (sports) ground (G)
—**de golf,** golf-links (8)
la **terrasse,** terrace
par **terre,** on the ground (1)
terrible, terrible
la **tête,** head
avoir mal à la—, to have a headache
le **texte,** text (4)
le **thé,** tea
le **théâtre,** theatre
le **ticket,** ticket
le **timbre,** stamp
le **tiroir,** drawer
le **tissu,** cloth (11)
la **toilette,** toilet (16)
le cabinet de—, dressing room (16), toilet
le **toit,** roof (6)
la **tomate,** tomato
tomber, to fall
laisser—, to drop
la **tonalité,** dialling tone (7)
le **tonnerre,** thunder (14)
un coup de—, clap of thunder (14)
le **torchon,** rag, duster
tôt, early
trop—, too soon
toucher, to touch
toujours, always, still
la **tour,** tower
le **tour,** turn (4)
faire un—de, to tour (3)
le **tourisme,** tourism (G)
le **touriste,** tourist (G)
touristique, touristic (4)
tourner, to turn
—**un film,** to shoot a film (11)
le **tournoi,** tournament (4)
tous (toutes) les deux, both
tout, everything
tout(e), all

tout à coup, suddenly
—**à fait,** quite, completely
—**à l'heure,** just now (6)
—**le monde,** everybody
—**près (de),** quite close (to)
—**de suite,** at once
à—**e vitesse,** at full speed
traditionnel(le), traditional (4)
le **train,** train
par le—, by train
—**rapide,** express train (8)
le **trajet,** journey (6)
la **tranche,** slice (8)
tranquille, quiet (1)
la **tranquillité,** peace (8)
transformer (en), to change (into) (6)
le **transistor,** transistor (radio)
le **transport,** transport (2)
transporter, to transport (3)
le **travail** (pl **travaux**), work, roadworks (13)
travailler, to work
le **travailleur,** worker (16)
traverser, to cross
trempé (jusqu'aux os), soaked (to the skin) (14)
trente, thirty
très, very
tricot, faire son—, to do one's knitting (2)
tricoté(e), knitted (4)
trop, too
—**de,** too much
—**tard,** too late
—**tôt,** too soon,
le **trottoir,** pavement
troubler, to worry (4)
trouver, to find
se—, to be situated
le **tube,** tube (14)
tuer, to kill (12)
le **type,** fellow, chap

l'**union,** f, union, marriage (12)
unique, only (2)
la **fille**—, only daughter (2)
unir, to unite (11)
l'**université,** f, university
urgent(e), urgent (4)
utiliser, to use (4)

le **va-et-vient,** coming and going (13)
les **vacances,** f pl, holidays
grandes—, summer holidays
le **vacancier,** holidaymaker (16)
la **vache,** cow
en **vain,** in vain (7)
vaisselle, faire la—, to do the washing up
la **valeur,** value (5)

la **valise,** suitcase
faire ses—s, to pack
varié(e), varied (11)
le **veau,** veal (9)
la **vedette (des disques),** (recording) star (4)
la **veille,** the day before (14)
le **vélo,** cycle
le **vélomoteur,** moped
le **velours,** velvet (4)
la **vendeuse,** shop assistant
vendre, to sell
à—, for sale (2)
vendredi, Friday
venir, to come
—**de,** to have just
le **vent,** wind
il fait du—, it is windy
dans le—, up to date, in fashion (4)
le **verger,** orchard (16)
vérifier, to check (13)
le **verre,** glass
vers, towards, about (of time)
verser, to pour (4), to donate (12)
la **version,** version (16)
vert(e), green
verticalement, vertically
la **veste,** jacket
les **vêtements,** m pl, clothes
la **viande,** meat (4)
la **victoire,** victory (8)
la **vie,** life (5)
le **vieillard,** old man (16)
vieux (vieil); vieille, old
mon vieux, old chap
vilain(e), wretched, naughty
le **village,** village
la **ville,** town
en—, to town
le **vin,** wine
vingt, twenty
une **vingtaine,** a score, about twenty (6)
le **vinyl,** plastic (4)
violent(e), violent (14)
la **visite,** visit
rendre—à, to visit (4)
visiter, to visit
le **visiteur,** visitor (16)
vite, quickly
la **vitesse,** speed
à toute—, at full speed
la **vitrine,** (shop) window
vivant(e), alive (16)
les **vœux,** m pl, wishes (11)
meilleurs—, best wishes (11)
voici, here is, here are
la **voie,** track (4), platform (6)
voilà, there is, there are
le **voile,** veil (11)
voir, to see
voisin(e), neighbouring
un(**e**) **voisin(e),** neighbour